中国民用航空工业年鉴
2019

工业和信息化部装备工业司　编

航空工业出版社
北　京

内 容 提 要

《中国民用航空工业年鉴》是我国民用航空工业首部具有综合性、资料性、史册性的编年式工具书，集中全面地反映了我国民用航空工业年度发展状况，真实记载了我国民用航空工业发展进程。《中国民用航空工业年鉴 2019》内容包括中国民用航空工业发展综述、主要民用航空工业地区发展概况、主要集团和重点企业发展概况以及中国民用航空工业统计信息等几部分。

本书内容翔实、丰富，有助于国内外有关人士了解中国民用航空工业发展概况，并与之建立经济技术合作关系。

图书在版编目（CIP）数据

中国民用航空工业年鉴. 2019/ 工业和信息化部装备工业司编. -- 北京：航空工业出版社，2019. 12

ISBN 978-7-5165-2181-6

Ⅰ. ①中… Ⅱ. ①工… Ⅲ. ①民用航空 - 航空航天工业 - 中国 -2019- 年鉴 Ⅳ. ① F426.5-54

中国版本图书馆 CIP 数据核字（2020）第 005012 号

中国民用航空工业年鉴 2019

Zhongguo Minyong Hangkong Gongye Nianjian 2019

航空工业出版社出版发行

（北京市朝阳区京顺路 5 号曙光大厦 C 座四层　100028）

发行部电话：010-85672663　010-85672683

北京虎彩文化传播有限公司印刷　　全国各地新华书店经售

2019 年 12 月第 1 版　　2019 年 12 月第 1 次印刷

开本：880 × 1230　1/16　　字数：351 千字

印张：11.25　　定价：160.00 元

《中国民用航空工业年鉴 2019》

编 委 会

编 辑 人 员

前　言

民用航空工业是国家战略性高技术产业。大力发展民用航空工业，是满足民航运输和通用航空服务快速增长需要的根本保证，是引领科技进步、带动产业升级、提升综合国力的重要手段。为忠实记录我国民用航空工业的发展情况，全面系统、客观真实地反映中国（未包括港、澳、台地区，下同）民用航空工业年度发展概况，自2007年起，当时国家的航空工业主管部门原国家国防科学技术工业委员会启动了《中国民用航空工业统计年鉴》（简称《统计年鉴》）的编辑出版工作。2008年，现航空工业主管部门工业和信息化部成立，承接了《统计年鉴》编辑出版工作，并于2010年启动了《中国民用航空工业年鉴》（简称《工业年鉴》）的编辑出版工作。2013年，工业和信息化部将《统计年鉴》并入《工业年鉴》合并编辑出版。合并后新版《中国民用航空工业年鉴》内容更加完善、翔实，是综合性、资料性的编年式工具书，自2013年起已经连续出版6年。

《中国民用航空工业年鉴2019》（简称《年鉴2019》）内容包括中国民用航空工业年度发展综述、主要地区发展情况、企业发展概况、中国民用航空工业统计数据四个部分。第一部分是中国民用航空工业发展综述，主要从发展规模与产业分布、产品研发、产品订单与交付、国际合作与对外交流、产业促进与行业管理五个方面全面回顾2018年度总体发展情况。第二部分是主要地区发展概况，反映全国涉及航空工业的25个省、自治区及直辖市的民用航空工业基本情况、生产经营、主要产品、产品开发与技术进步、对外贸易与合作、重大基础设施建设和行业管理等情况。第三部分是企业发展概况，记录了全国涉及航空工业的5家中央企业和21家重点民用航空工业企业的技术优势和主要产品。第四部分为中国民用航空工业统计数据，统计范围包括从事民用航空器（含无人机）、民用航空发动机、机载系统/设备和零部件等研发、制造和修理的规模以上企事业单位。中国民用航空工业统计数据主要内容包括综合情况、生产交付情况、新增和储备订单以及转包生产、生产销售总值等数据和信息，由国家国防科技工业局信息中心统计审核后提供，数据信息统计时间截至2018年12月31日。

《年鉴2019》是在工业和信息化部装备工业司主持下，在国家统计局统计设计管理司指导下，在各有关省、自治区、直辖市民用航空工业管理部门，中国航空工业集团有限公司，中国商用飞机有限责任公司，中国航空发动机集团有限公司，中国航天科工集团有限公司，中国电子科技集团有限公司和各重点企业提供素材的基础上，在国家国防科技工业局信息中心的协助下，由中国航空研究院编辑完成。在此向所有参加年鉴工作的单位和人员表示感谢。

此外，在《年鉴 2019》编辑过程中，为了行文一致及体现年度新变化，对各省、自治区、直辖市及各公司上报的发展情况素材做了必要修改和删减。

《中国民用航空工业年鉴 2019》编委会

2019 年 10 月

目　　录

第一部分　综述 ……（1）

中国民用航空工业年度发展综述 ……（3）

第二部分　主要地区发展情况 ……（13）

北京市 ……（15）
天津市 ……（17）
河北省 ……（19）
山西省 ……（22）
内蒙古自治区 ……（23）
辽宁省 ……（24）
吉林省 ……（29）
黑龙江省 ……（32）
上海市 ……（34）
江苏省 ……（37）
浙江省 ……（39）
安徽省 ……（42）
福建省 ……（44）
江西省 ……（46）
山东省 ……（48）
河南省 ……（50）
湖北省 ……（52）
湖南省 ……（55）
广东省 ……（57）
重庆市 ……（60）
四川省 ……（62）
贵州省 ……（65）
云南省 ……（67）
陕西省 ……（69）
甘肃省 ……（74）

第三部分　企业发展概况 ……（77）

中国航空工业集团有限公司 ……（79）
中国商用飞机有限责任公司 ……（82）
中国航空发动机集团有限公司 ……（85）
中国航天科工集团有限公司 ……（87）

中国电子科技集团有限公司 …………（90）
西安飞机工业（集团）有限责任公司 …………（92）
哈尔滨飞机工业集团有限责任公司 …………（95）
中航沈飞民用飞机有限责任公司 …………（97）
成都飞机工业（集团）有限责任公司 …………（98）
中国商飞上海飞机制造有限公司 …………（100）
中国商飞上海飞机设计研究院 …………（102）
中国商飞北京民用飞机技术研究中心 …………（104）
中国航发西安航空发动机有限公司 …………（106）
中国航发成都发动机有限公司 …………（108）
中国航发商用航空发动机有限责任公司 …………（110）
通用电气航空（苏州）有限公司 …………（111）
新宇航空制造（苏州）有限公司 …………（112）
厦门太古飞机工程有限公司 …………（113）
威海广泰空港设备股份有限公司 …………（115）
山东太古飞机工程有限公司 …………（117）
武汉航达航空科技发展有限公司 …………（119）
深圳市大疆创新科技有限公司 …………（121）
珠海保税区摩天宇航空发动机维修有限公司 …………（122）
广州飞机维修工程有限公司 …………（124）
深圳中集天达空港设备有限公司 …………（126）
四川国际航空发动机维修有限公司 …………（127）

第四部分　中国民用航空工业统计数据 …………（129）

1　综合情况 …………（131）
2　产品交付、新增和储备订单及转包生产情况 …………（137）
3　生产销售总值 …………（145）
4　主要经济指标 …………（151）
5　附录 …………（159）

第一部分

综　　述

中国民用航空工业年度发展综述

2018年，中国民用航空工业规模持续扩大，年度航空产品产值777.1亿元，同比增长19.3%。产品研发取得重要进展，C919大型客机完成重大试验，103架机成功首飞；CR929宽体客机展示样机公开亮相；AG600飞机成功实现水上首飞；“新舟”700完成详细设计，启动零件制造；AC352持续开展调整试飞；“长江”-1000AX实现首台整机点火并达到中高速转速运转，“长江”-1000A完成首台整机装配。民机市场新增订单182架，转包生产新增订单稳步增加，民用航空产品交付金额增长26%。国际合作取得丰硕成果，行业管理持续强化，政府和社会各界对民用航空工业发展的关注度不断提升。

一、发展规模与产业分布

（一）发展规模

依据《民用航空工业统计报表制度》，2018年纳入全国民用航空工业统计调查单位159个，主要分布在25个省、自治区、直辖市，年末从业人员35.5万人。按三大经济带分，东部地区72家，中部地区43家，西部地区44家；按内外资类型分，内资企业143家，港澳台商投资企业6家，外商投资企业10家；按人员规模分，2000人以上单位39家，1000～2000人（含2000人）单位24家，300～1000人（含1000人）单位40家，300人及以下单位56家。

2018年，中国民用航空工业企业工业总产值3015亿元，其中民用航空产品产值777.1亿元，占比25.7%。民用航空产品产值中，民用飞机（不含无人机）整机产值64.6亿元，占比为8.3%；民用飞机零部件、发动机整机及零部件、机载系统和设备零部件等民用航空产品产值233.7亿元，占比30.1%；民用飞机、发动机、机载设备和其他民用航空产品的修理产值312.8亿元，占比40.2%；无人机产品产值166.0亿元，占比21.4%。产值构成见图1。

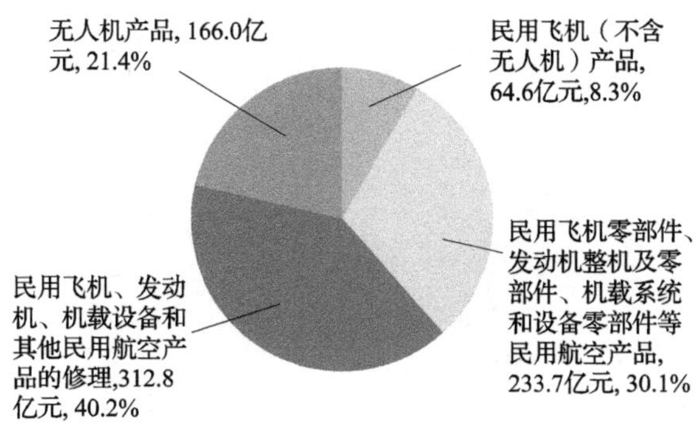

图1　2018年中国民用航空产品产值构成

从各省、自治区、直辖市情况看，民用航空产品产值排名前3位的是广东、陕西和北京，分别占全国的37.2%、11.5%和10.9%。居前10名的其他省、自治区、直辖市分别是四川、上海、辽宁、江苏、山东、湖北和天津，如图2所示。

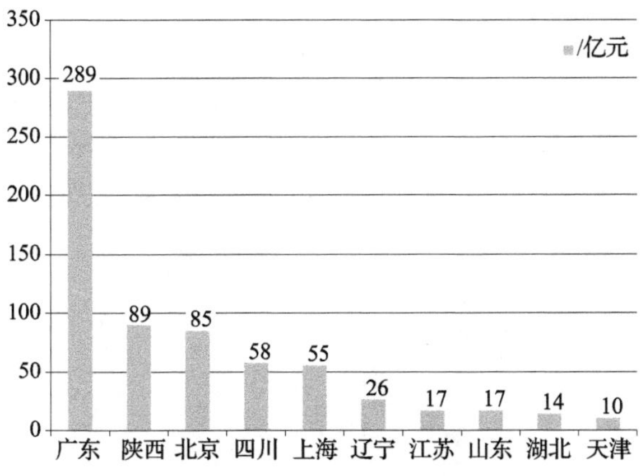

图2　2018年民用航空产品产值居前10名的省、自治区、直辖市

（二）产业分布

在纳入2018年全国民用航空工业统计调查的159家企事业单位中，中央企业71家，地方航空企业88家。隶属于中国航空工业集团有限公司的单位有49家，其民用航空产品产值占

全国的比例为 18.1%；隶属于中国商用飞机有限责任公司的单位有 6 家，其产值占 7.1%；隶属于中国航空发动机集团有限公司的单位有 13 家，其产值占 5.5%；隶属于中国航天科工集团有限公司的单位有 3 家，其产值占 0.2%；其余 88 家地方航空企业产值占 69.1%。2018 年民用航空工业企业民用航空产品产值构成见图 3。

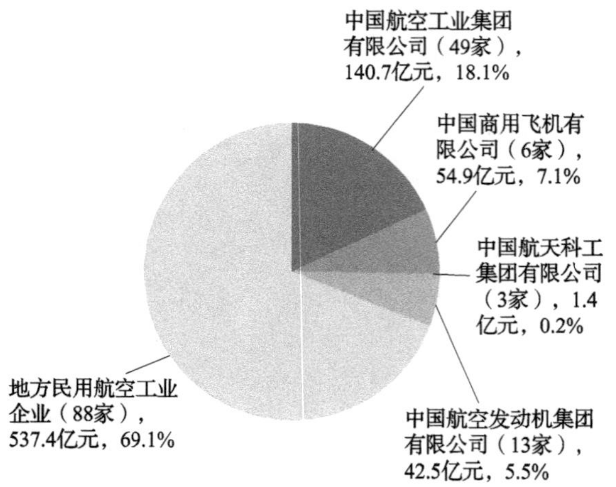

图 3　2018 年民用航空工业企业民用航空产品产值构成

隶属于中央企业集团的 71 家企业民用航空产品的产值为 239.7 亿元。其中，民用飞机（不含无人机）整机产值 57.1 亿元，占比为 23.8%；民用飞机零部件、发动机整机及零部件、机载系统和设备零部件等航空产品产值 180.9 亿元，占比 75.5%；民用飞机、发动机、机载设备和其他民用航空产品的修理产值 1.3 亿元，占比 0.5%；无人机产品产值 0.4 亿元，占比 0.2%。产值构成如图 4 所示。

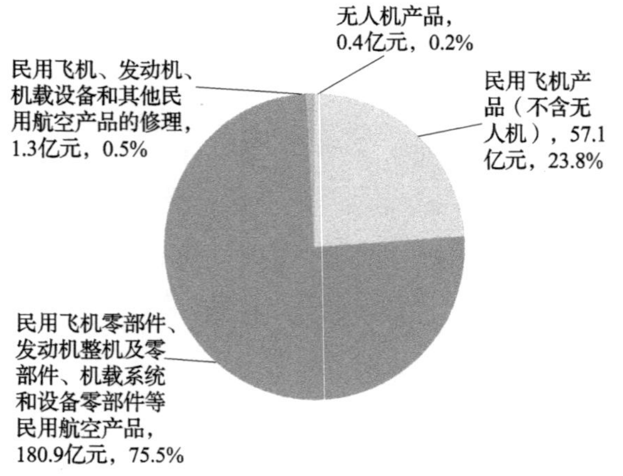

图 4　2018 年中央企业民用航空工业产品的产值构成

其余 88 家企业民用航空产品的产值为 537.4 亿元。其中，民用飞机（不含无人机）整机产值 7.5 亿元，占比为 1.4%；民用飞机零部件、发动机整机及零部件、机载系统和设备零部件等民用航空产品产值 52.9 亿元，占比 9.8%；民用飞机、发动机、机载设备和其他民用航空产品的修理产值 311.4 亿元，占比 58.0%；无人机产品产值 165.6 亿元，占比 30.8%。产值构成如图 5 所示。

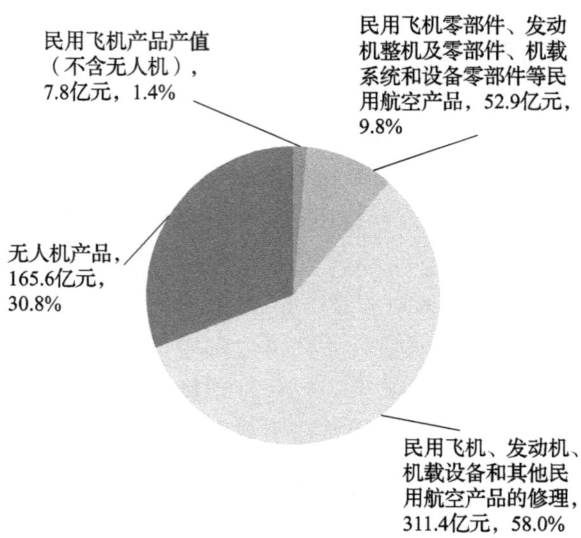

图 5　2018 年地方企业民用航空产品产值构成

民用航空产品产值前 5 名企业分别是：西安飞机工业（集团）有限责任公司、深圳市大疆创新科技有限公司、中国航发西安航空发动机有限公司、珠海保税区摩天宇航空发动机维修有限公司、中国商飞上海飞机制造有限公司，5 家企业占全国民用航空产品产值约 74.7%，产业集中度较高。

在产品地域分布方面，上海和陕西主要依托现有骨干企业发展民用干支线飞机；天津依托空客天津 A320 总装线、空客 A330 完工和交付中心，浙江舟山依托波音 737 完工和交付中心开展干线飞机组装和交付工作；哈尔滨、石家庄、珠海、成都和荆门等地优势企业主要发展大中小多型通用飞机和特种飞行器；景德镇、哈尔滨和天津等地的优势企业主要发展大中小多型直升机；其他部分省市也开展了轻小型通用飞机和直升机的研发与制造。在研 / 批产民用航空主要产品地域分布如表 1 所示。

表 1　在研 / 批产民用航空主要产品地域分布

<table>
<tr><th>产品种类</th><th>地域</th><th>代表机型</th></tr>
<tr><td rowspan="5">干线飞机</td><td rowspan="2">上海市</td><td>CR929 远程宽体客机</td></tr>
<tr><td>C919 单通道干线客机</td></tr>
<tr><td rowspan="2">天津市</td><td>空客天津 A320 总装线</td></tr>
<tr><td>空客 A330 完工和交付中心</td></tr>
<tr><td>浙江省</td><td>波音 737 完工和交付中心</td></tr>
<tr><td rowspan="3">支线飞机</td><td>上海市</td><td>ARJ21-700 涡扇支线客机</td></tr>
<tr><td rowspan="2">陕西省</td><td>“新舟”60/600 系列涡桨支线客机</td></tr>
<tr><td>“新舟”700 涡桨支线客机</td></tr>
<tr><td rowspan="20">通用飞机</td><td>广东省</td><td>AG600 大型灭火 / 水上救援水陆两栖飞机</td></tr>
<tr><td rowspan="2">黑龙江省</td><td>运 12E/F 双发涡桨通用飞机</td></tr>
<tr><td>运 11 轻型运输机</td></tr>
<tr><td rowspan="4">河北省</td><td>“小鹰”500 轻型多用途飞机</td></tr>
<tr><td>运 5B 轻型多用途飞机</td></tr>
<tr><td>赛斯纳 208B 单发涡桨轻型飞机</td></tr>
<tr><td>“国王”350 双发涡桨轻型飞机</td></tr>
<tr><td rowspan="3">辽宁省</td><td>锐翔（RX1E）双座电动轻型飞机</td></tr>
<tr><td>锐翔（RX1E）四座电动轻型飞机</td></tr>
<tr><td>CC18-180 顶级“小熊”越野飞机</td></tr>
<tr><td rowspan="2">湖北省</td><td>“海鸥”300 多用途轻型水陆两栖飞机</td></tr>
<tr><td>A2C 超轻型水上飞机</td></tr>
<tr><td>陕西省</td><td>“小鹰”700 轻型多用途飞机</td></tr>
<tr><td>山东省</td><td>DA40D 型通用飞机</td></tr>
<tr><td>湖南省</td><td>“山河”SA60L/SA160L 轻型运动飞机</td></tr>
<tr><td>四川省</td><td>SL600 轻型运动飞机</td></tr>
<tr><td>福建省</td><td>“野马”600/610 轻型运动飞机</td></tr>
<tr><td>北京市</td><td>P750 单发涡桨多用途飞机</td></tr>
<tr><td rowspan="11">直升机</td><td rowspan="4">江西省</td><td>AC313 大型直升机</td></tr>
<tr><td>AC311/311A 轻型直升机</td></tr>
<tr><td>CA109 轻型直升机</td></tr>
<tr><td>JH-2 轻型有人农林植保机</td></tr>
<tr><td rowspan="3">黑龙江省</td><td>AC312 中型直升机</td></tr>
<tr><td>AC352 中型直升机</td></tr>
<tr><td>H425 中型直升机</td></tr>
<tr><td rowspan="3">上海市</td><td>S-300C 多功能直升机</td></tr>
<tr><td>S-333 多功能直升机</td></tr>
<tr><td>“斯瓦泽”269 轻型直升机</td></tr>
<tr><td>山东省</td><td>H145 轻型直升机</td></tr>
<tr><td rowspan="3">发动机</td><td>上海市</td><td>CJ-1000A 大涵道比商用航空发动机</td></tr>
<tr><td>湖南省</td><td>WZ-16 中等功率涡轴发动机（设计）</td></tr>
<tr><td>黑龙江省</td><td>WZ-16 中等功率涡轴发动机（制造）</td></tr>
</table>

从无人机产品地域分布来看，产值排名前5位的省、直辖市分别为广东、浙江、北京、天津、湖南。其中，广东无人机产值为163.2亿元，占全国无人机产值的比例为98.5%。需要特别指出的是，广东省深圳市大疆创新科技有限公司的无人机产品80%远销到世界上133个国家和地区，占据全球消费级无人机市场80%份额。

二、产品研发

2018年，民用航空工业产品研发继续取得重要进展，形成了单通道干线客机、双通道干线客机、涡扇支线飞机、涡桨支线飞机、直升机、通用飞机、无人机及航空发动机等多种型号自主发展的格局。

C919单通道大型客机：完成2.5*g*极限载荷静力试验，完成电源、航电、主飞控等软件集成试验；两架试飞机多地试飞，正常模式控制律试飞取得突破；在第二届中国工业设计展览会上，C919大型客机驾驶舱获评全国十大金奖设计作品；103架机圆满完成首飞。

CR929双通道干线客机：完成联合概念定义（JCDP），复材前机身全尺寸筒段试验件下线，展示样机亮相珠海航展。该项目是中俄两国重大战略性合作项目，基本型座级280座，航程12000千米。

ARJ21新支线飞机：赴冰岛进行大侧风试飞并圆满完成试飞任务；圆满完成呼和浩特往返乌兰浩特航线运行；正式在黑龙江省载客运营，“以哈尔滨为中心枢纽，进行基地化区域化运营”的新模式正式开启；中国商飞公司与海航集团联合在海口举行ARJ21新支线飞机演示飞行活动。

MA700新型涡桨支线飞机：完成详细设计阶段的研制工作，启动零件制造；完成全机机体结构数模发放，各系统/设备研制工作同步开展，部分机体结构开始组件装配。

AG600大型水陆两栖飞机：完成水面低、中速滑行试验，通过中国民航局制造符合性检查获得特许飞行证，实现水上首飞。习近平总书记发来贺电，李克强总理做出重要批示。

AC352中型多用途直升机：完成测试改装，并获得特许飞行证，实现PT02架机首飞后复飞，持续开展调整试飞。

“长江”-1000A/AX大型客机发动机：开展验证机和原型机研制。其中，“长江”-1000AX实现首台整机点火并达到中高速转速运转；“长江”-1000A完成首台整机装配，首台核心机实现大气进气状态下100%转速稳定运转。

涡轴-16发动机：是为适用中型直升机需求与法国合作研制的涡轴发动机，通过加大与中国民航局和合作方的沟通力度，完成了主要的适航取证试验和大部分中方份额资料审查，保障直升机进行取证试飞，并积极推进法方份额资料审查。

AES100涡轴发动机：是为满足5～6吨级民用直升机需求研制的1000千瓦级民用涡轴发动机，实现了核心机性能达标和整机100%转速运转。

AEP500工程验证机：是为适用大型涡桨支线飞机需求研制的5000千瓦级民用涡桨发动机工程验证机，实现了核心机100%转速运转和燃气发生器点火。

三、产品订单与交付

（一）产品订单

2018年，国产民用飞机（不含无人机和天津空客合作项目产品，下同）新增订单182架，其中，确认订单116架，意向订单66架。截至2018年底，民用飞机储备订单1398架，其中，确认储备订单573架，意向储备订单825架。另外，2018年无人机新增订单368.4万架，其中，新增确认订单283.3万架，新增意向订单85.1万架；截至2018年底，无人机储备订单147.3万架，其中，确认储备订单113.3万架，意向储备订单34.0万架。新增国产民机订单情况详见图6。

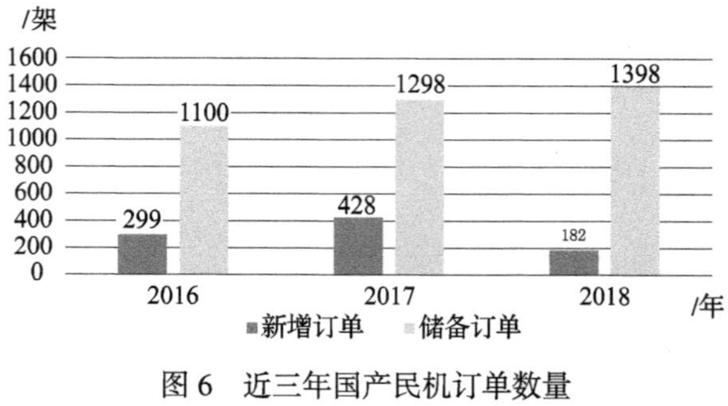

图6　近三年国产民机订单数量

从确认储备订单情况看，大部分为干支线客机；从订单变化看，与2017年同期相比，干线飞机、支线飞机、通用飞机和直升机的确认储备订单数量都略有增加，总体情况基本平稳，见图7。

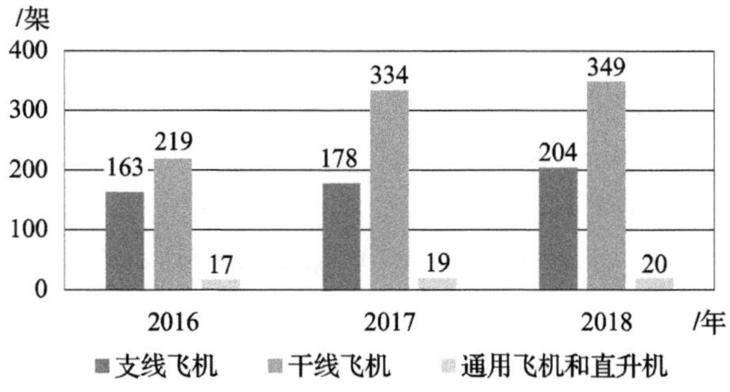

图7　国产民机确认储备订单情况

（二）产品交付

2018年，中国民用航空产品交付金额总计671.4亿元。其中，民用飞机整机32.2亿元，占比4.8%；民用飞机零部件、发动机整机及零部件、机载系统和设备零部件等民用航空产品215.5亿元，占比32.1%；民用飞机、发动机、机载设备和其他民用航空产品的修理306.8亿元，占比45.7%；无人机116.8亿元，占比17.4%。交付金额构成见图8。

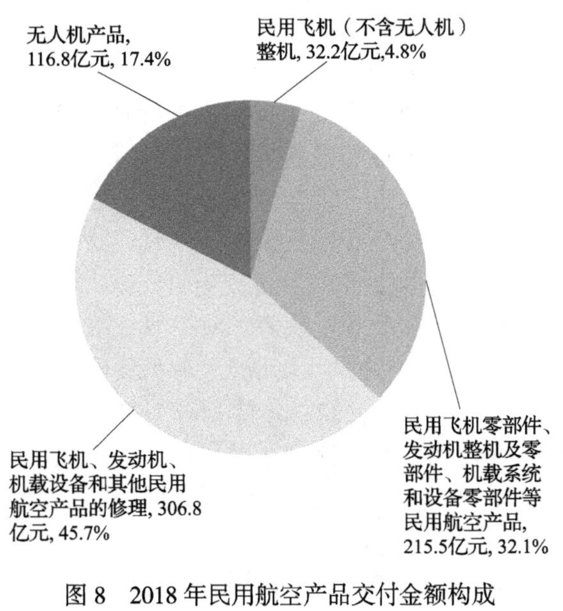

图8　2018年民用航空产品交付金额构成

2018年交付国产民机44架（不包括无人机）（见图9），同比下降23%，其中，支线客机交付13架，通用飞机交付25架，直升机交付6架。在产在销机型主要包括：ARJ21-700支线客机、“新舟”60/600双涡轮螺旋桨支线客机、运12E高原轻型固定翼飞机、运5B轻型多用途飞机、DA 40 TDI轻型飞机、赛斯纳“奖状”XLS中型公务机、西锐SR-20小型活塞螺旋桨式飞机、西锐SR22高性能单发4座复合型飞机、AC311A民用直升机。另外，据不完全统计，无人机交付约182.7万架。近三年国产民机交付数量见图9。

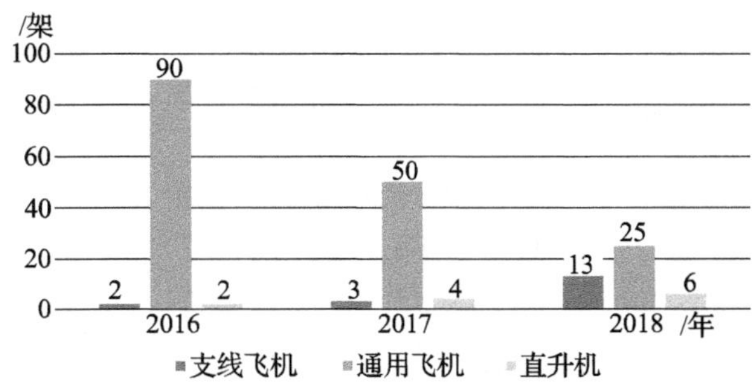

图9　国产民机交付情况（不包括无人机）

（三）转包生产

2018年，中国民用航空产品转包生产交付金额18.2亿美元，同比减少7.3%。其中飞机零部件10.6亿美元，同比减少16%；发动机零部件6.8亿美元，同比增长4.7%；其他民用航空产品及零部件0.7亿美元，同比增长44.7%。转包生产新增订单22亿美元，同比减少21.1%。储备订单54.1亿美元，同比增长16.6%。近5年民用航空产品转包生产交付金额见图10。

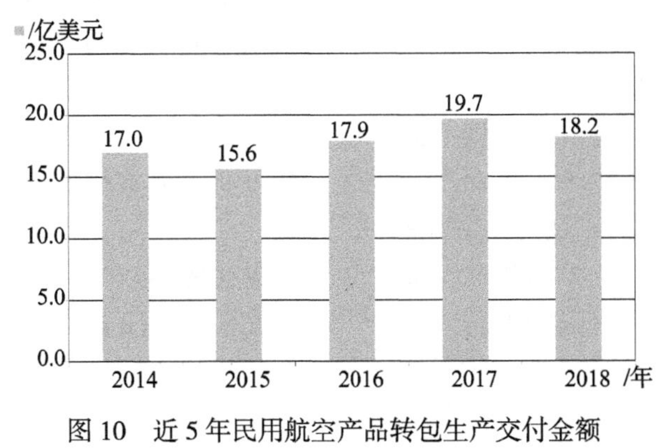

图10　近5年民用航空产品转包生产交付金额

从各省、自治区、直辖市情况看，民用航空产品转包生产交付金额排名前3位的是陕西、辽宁和四川，分别占全国的26.7%、23.2%和17.8%。居前10名的省、直辖市见图11。

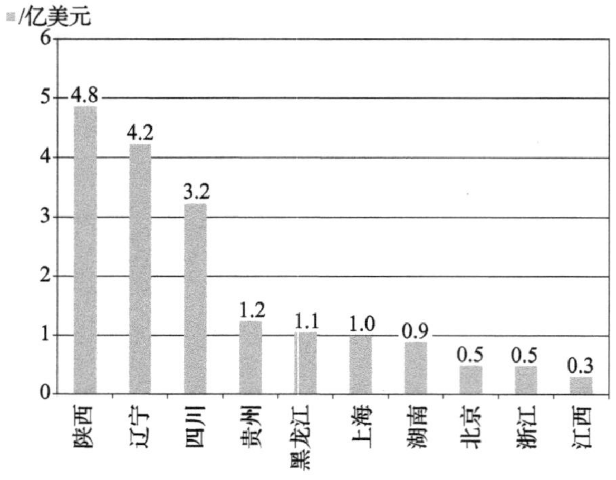

图 11　2018 年转包生产交付金额居前 10 名的省、直辖市

四、国际合作与对外交流

2018 年，中国民用航空工业领域的国际合作与对外交流持续深入，通过政府推动引导以及企业与机构合作相结合的方式，多层次、多渠道的航空工业领域国际合作格局基本形成。中国与俄罗斯、法国、荷兰、欧盟多个国家和地区保持着稳定的政府间对话与合作机制，企业与机构间的国际合作与交流也在不断拓展。

（一）政府间对话与合作机制

作为民用航空工业的主管部门，工业和信息化部（简称工信部）一直致力于深化和拓展我国民用航空领域的国际合作，与俄罗斯、欧盟、法国、荷兰等国家和地区保持着稳定的政府间对话与合作机制，推动政府间定期会晤和学术界的广泛深入交流，为民用航空技术交流和工业合作创造条件和机会，助推我国航空工业技术进步和产品发展，提升我国航空科技的国际竞争力和影响力。

中国和俄罗斯。中俄双方在民用航空领域一直保持着良好的合作伙伴关系。2018 年 8 月 21—23 日，中国民用航空局代表团出席在圣彼得堡举行的第 22 次中俄运输分委会民航工作组会议，与俄罗斯联邦运输部就扩大两国间业务权与飞越权、加强双方在国际航空减排领域的合作等议题达成了重要共识并签署了相关协议。中俄总理定期会晤委员会机制目前设有若干分委会，其中工业合作分委会（部长级）下设民用航空工作组（副部长级）。2018 年 9 月 20 日，中国工信部和俄罗斯工贸部在中国昆明共同主持召开了中俄总理定期会晤委员会工业合作分委会民用航空工作组第十三次工作会议，工作组下设的飞机、直升机、发动机、科技、适航和机载设备 6 个工作小组及国家协调中心双方代表介绍了过去一年来的工作进展，并确定了下一步重点工作要求。2018 年 11 月 5—7 日俄罗斯联邦政府总理梅德韦杰夫对中国进行正式访问，举行了中俄总理第二十三次定期会晤。期间双方指出，两国贸易增长势头强劲，相互投资稳步增长，民用航空等领域合作取得积极进展，未来将继续以工业合作分委会的形式，开展民用航空等领域的良好合作。

中国和欧盟。中欧双方在中欧科技合作框架下开展民用航空领域的合作，科技创新合作愈发呈现出平等互利、多方参与、质量和数量双提升的特点。2018 年 4 月 25—27 日，工信部装备工业司和欧盟科研创新总司交通司在柏林共同组织召开了中欧民用航空科技合作及科技交流平台项目工作会，针对新一轮联合资助技术研究项目的立项评审、中欧交流平台项目的工作进展以及后续科技合作的推进计划等进行了磋商，就项目后续开展联合评审的程序和流程等达成共识。2018 年 11 月 3 日，中欧民用航空工作组第四次会议在深圳召开，双方就当前合作研究项目的执行情况和后续安排、新一轮合作项目的实施准备和推进计划、航空科技交流平台项目的进展情况等议题进行了沟通和交流，并就进一步推进双方航空科技合作达成共识。2018 年 12 月 13 日，中欧科技合作指导委员会第 14 次会议在北京召开，双方交流了中国科研计划改革、欧盟“地平线 2020”计划（2013—2020）的执行情况、“地平线欧洲”计划（2021—2027）的总体规划和科技计划互惠开放等议题，总结梳理了民用航空等领域的合作成果及下一步规划，探讨了中欧科研创新合作路线图的整体框架。

中国和法国。中法民用航空工业合作工作组成立于 2010 年。2018 年 11 月 8 日，工信部装备工业司和法国民航局国际司在珠海共同组织召开了中法民用航空工业合作工作组第六次会议。会上，双方围绕直升机、发动机、航电系统和空管设备、商用飞机等领域的项目合作情况，中法民用航空工业的发展和对外合作情况，以及下一步的合作意向和建议等议题进行了广泛而深入地沟通和交流，双方就在既有合作基础上进一步推进双方民用航空领域的务实合作达成共识。

中国和荷兰。中荷民用航空工业合作组成立于2015年。2018年6月8日，中荷民用航空合作工作组第四次会议在荷兰海牙召开，双方介绍了各自航空工业发展情况，回顾了自2015年签署《关于民用航空工业领域开展合作的谅解备忘录》以来政府间会议的成果，就共同关注的议题交换了意见，并交流了民用航空科技合作的工作机制，进一步明确了合作的定位原则、工作流程和年度计划安排。

（二）企业、机构间国际交流与合作

中国航空研究院受工信部委托，负责组织推进中欧、中法、中荷、中俄等民用航空科技领域政府间合作项目的开展和落实，涉及气动、结构强度、噪声、推进技术、燃料、材料、制造等多个专业技术领域。中国航空研究院与德国宇航院（DLR）、法国宇航院（ONERA）、荷兰宇航院（NLR）、俄罗斯中央空气流体力学研究院（TsAGI）、德国－荷兰风洞（DNW）、意大利航空航天研究中心（CIRA）等世界上航空领域的著名科研、试验机构建立并保持着长期稳定的战略合作关系，开展了多种形式的科技合作与学术交流活动。同时，作为国际航空研究理事会（IFAR）和国际航空疲劳与结构完整性委员会（ICAF）等航空科技界知名国际学术组织的唯一中国会员代表，积极参与多边交流活动，树立中国形象，发出中国声音。2018年10月15日，中国航空研究院和荷兰宇航院在中国总理李克强和荷兰首相马克·吕特的共同见证下，签署了关于加强民用航空科技合作的联合行动倡议。倡议提出，中国航空研究院和荷兰宇航院将基于双方政府间的合作机制和框架，本着平等协商、互利共赢的原则，研究制订并实施有效的联合措施，深化双方在民用航空科技领域的交流与合作。2018年11月7日，中国航空研究院与俄罗斯中央空气流体力学研究院（TsAGI）在珠海航展上举行高层会谈，回顾合作成果，商定2019年在中国举办第16届中俄航空科技学术交流会及续签双边战略合作协议；与德国－荷兰风洞（DNW）联合举行了“第二届CAE-DNW计算流体力学－风洞相关性研究国际研讨会”新闻发布会。2018年11月27—29日，中国航空研究院代表团参加了在俄罗斯莫斯科举行的IFAR第九次峰会，并借此多边交流平台与俄罗斯、南非、印度等金砖国家国家级航空研究机构共商联合申请金砖国家政府间科技创新合作项目倡议。同时，组织中方专家参加了TsAGI纪念建院100周年学术交流活动。

中国航空工业集团有限公司（简称航空工业集团）与全球航空企业合作不断深入。2018年航空工业集团与空客、波音等合作伙伴继续保持高层互访和沟通交流机制，积极参加国家发展改革委员会与空客、波音的年度合作峰会，积极协调、配合国家发改委持续推动与空客、波音扩大和深化工业合作。2018年2月，航空工业集团与空中客车公司在北京签署了空客A319/A320机翼项目合同，中航飞机升级成为空客一级供应商。4月，在空客公司法国图卢兹总部举行两年一度的全球供应商表彰峰会上，航空工业西飞荣获空客供应商“最佳表现奖”。11月，西飞与波音签署了1800架波音737垂尾后续合同；中国航空工业旗下中航客舱系统有限公司与代傲（Diehl）航空签订合作备忘录，达成采购、供应链、制造及市场营销等合作意向；航宇嘉泰获得波音供应商资质奖。在培训合作方面，截至2018年底，航空工业－波音制造创新中心（MIC）累计培训超过5700人次；2018年度与空客联合组织10期“提质增效”专题培训，参加人员达300余人次。

中国商用飞机有限责任公司充分利用全球资源，构建全球供应链，积极开展国际合作，建设“以中国商飞公司为核心，联合航空工业集团，辐射全国，面向全球”的民机产业体系。加强对全球14个国家和地区、304家二级一类以上供应商的管理，与国外16家教育培训机构开展人才培养合作，与波音公司共建航空节能减排技术中心，与空客公司开展非竞争领域合作，与GE公司签署大数据技术合作框架协议。2018年11月，中国商飞公司联合航天海鹰、格力、GE、达索等企业和机构举办“第二届未来民机发展国际论坛——增材制造技术应用与发展”，旨在打造民用航空领域的国际性交流平台，推动增材制造技术在民用航空领域的国际合作与发展，促进新技术研发能力的提升。9 月，中国商飞北研中心成功举办“第二届 COMAC 国际科技创新周”，与帝国理工学院、清华大学签署合作备忘录，形成科技合作意向项目，拟建立联合研究机构。12 月 15 日，中国商飞公司与美国波音公司在舟山共同合资的波音 737 完工和交付中心交付首架飞机，飞机由中国国际航空公司接收。

中国航空发动机集团有限公司坚持推进国际合作向服务自主创新能力和技术水平提升转型，积极拓宽对外合作渠道，深化与国际主要航空发动机企业的合作，与霍尼韦尔公司召开了首届战略指导委员会会议，与罗罗公司签署了战略合作意向书，并积极参与中法、中英、中荷、中欧、中俄等民用航空工作组合作，与国外高校、研究机构开展联合研究项目，新建 2 个联合技术中心、1 个联合创新中心。2018 年 11 月作为主办单位参加中国国际航空航天博览会（珠海航展），借助航展平台开展 40 余场商务活动，进一步加深了与国内外合作伙伴的交流合作。

此外，许多民营企业开展了广泛的航空国际技术合作。深圳中集天达公司已将登机桥产品打入全球 312 个机场，覆盖国家（地区）70 个，其中国际机场 143 个，国外业务占比达到 50% 左右，所建造的近 6000 台登机桥，总量占全球市场份额约 40%，为全球的航空旅客提供安全舒适的保障。珠海摩天宇与德国 MTU 集团旗下的 6 家企业在资源、能力、技术、管理、营销、服务、人力资源等方面开展广泛的合作，与 MTU 各维修基地之间进行全面的技术交流和技术项目转让。厦门太古与美国波音公司紧密合作，取得美国联邦航空局（FAA）和波音 BQMS 的认证，与合作伙伴一起参与了波音 737-700/800 和波音 767-300 等新的改装机型的开发。武汉航达积极开展与国际知名 OEM 厂家合作，分别与美国联合技术公司、霍尼韦尔公司、赛峰集团、利勃海尔公司、帕克公司、伊顿公司等 OEM 厂商建立了备件供应与技术支持以及授权维修等全方位的合作关系。山东太古飞机工程有限公司实现俄罗斯、泰国、缅甸客户业务稳定送修，新增尼泊尔客户，东南亚市场通道的全面打开，并签约美国 AEI 成为波音 737/CRJ 客改货新方案合作伙伴。

五、产业促进与行业管理

（一）国家进一步规范民用航空工业发展

2018 年，国家发布了一系列促进我国民用航空产业发展的政策文件，进一步优化了民用航空产业政策环境。具体包括以下几方面。

2018 年 4 月，中国民航局发布《民用无人驾驶航空器经营性飞行活动管理办法（暂行）》，对无人驾驶航空器经营许可证实施统一监督管理，规范了无人驾驶航空器从事经营性通用航空飞行活动的准入和监管要求。

2018 年 5 月，中国民航局适航审定司正式发布《民航局适航司关于改进通用航空适航审定政策实施细则》，按照“放管结合、以放为主”的指导思想，结合国内通用航空的发展状况，特制定了部分用途第一类特许飞行证、通用航空公司设计小改和设计大改、个人自制航空器适航审定和通用航空企业油料质量管理共 5 项适航审定问题的具体实施细则，以提高通用航空的适航审定效率，为通用航空的发展创造良好环境，促进通用航空的发展。

2018 年 9 月，国家发展和改革委员会、中国民航局联合出台了《关于促进通用机场有序发展的意见》，要求坚持以人民为中心的发展思想，坚定实施军民融合发展战略，准确把握市场需求和发展形势，充分认识通用航空社会属性，发挥好市场机制作用，科学有序推进通用机场建设，营造通用航空良好发展环境，探索通用航空业发展新业态、新模式科学有序推进通用机场规划建设，促进通用航空业持续健康发展，推动通用航空“热起来、飞起来”。

2018 年 9 月，中国民航局印发了《低空飞行服务保障体系建设总体方案》，按照低空飞行服务保障体系国家公共服务的基本定位，以适应低空空域用户多元化、低空飞行活动多样化发展需求为导向，以方便通用航空用户、飞行服务保障运营主体为根本，坚持行业管理和社会管理相结合，加大改革创新力度，发挥社会主体作用，加快构建行业社会共建、军民融合发展、服务高效便捷的低空飞行服务保障体系，促进低空空域的安全高效使用，为通航事业发展提供坚实的基础保障。

2018年11月，中国民航局印发了《新时代民航强国建设行动纲要》，要求加强民航与交通、产业、科技、贸易和军队建设的协调联动，实现融合发展，凝聚发展合力，着力推进民航发展质量、效率和动力变革，实现民航高质量发展，建成保障有力、人民满意、竞争力强的民航强国。

（二）地方政府重视培育民用航空产业

2018年，我国地方政府发展航空产业热情依旧高涨，积极制订民用航空产业发展规划与政策措施，以促进本地区民用航空产业的发展。天津、上海、四川、江苏等地纷纷出台相应的规划和配套政策，促进本地民用飞机工业的发展和产业升级（见表2）。

表2　2018年部分地方政府出台的关于促进民用航空业发展的文件

序号	地方	文件名称	摘要
1	江苏	《关于促进和规范江苏省民用无人机制造业发展的意见》	大力推进技术创新、积极拓展应用市场、加快培育领军企业、推进无人机产业集群发展、严格加强行业监管、建立健全产品标准与检测认证服务体系
2		《镇江市高端装备升级行动计划（2018—2020年）》	聚焦航空航天装备等高端装备发展，将航空航天列为高端装备升级七大重点领域之一，推动航空航天产业发展
3	四川	《中共四川省委关于全面推进高质量发展的决定》	加快推进低空空域协同管理试点，促进通用航空产业全链条发展。聚焦核能装备与核技术应用、航空整机、航空发动机等优势领域，打造军民融合十大产业集群
5	天津	《天津市航空航天产业发展三年行动方案（2018—2020年）》	到2020年，力争天津航空航天工业总产值达到40亿元，形成更高水平、更加完善的航空航天研发、制造、维修、服务体系，使天津成为具有国际先进水平的航空航天高端制造承载区
6		《天津市智能科技领域军民融合专项行动计划》	推动智能科技领域军民融合高端产业发展，确立航空产业在国内乃至亚太地区的领先地位
7	陕西	《军民融合助推富阎一体化发展2018年行动计划》	着力创建航空特色的省级军民融合创新示范区，为打造中国航空城、国家一流军民融合创新示范区夯实基础
8	云南	《云南省通用航空产业发展规划（2018—2025年）》	指导和促进全省通航产业未来7年内的健康、快速发展，促进全省国民经济的转型升级、加快有关重点通航项目落地，促进云南省高端制造业的发展，促进全省工业的增长方式的转变
9	江西	《2018年度航空产业工作要点》	围绕省委、省政府提出的“航空产业大起来、航空研发强起来、江西飞机飞起来、航空小镇兴起来、航空市场旺起来”的“航空梦”，加快实施五大工程
10		《关于加强全省航空产业人才队伍建设的若干措施》	着力打造“五型政府”，大力实施创新驱动发展和人才强省战略，促进航空产业人才队伍建设，形成人才发展与航空产业发展同频共振的新格局
11	河北	《石家庄正定国际机场航空枢纽发展计划（2018—2020年）》	到2020年，机场保障能力进一步提升，驻场运力达到50架左右，完成年旅客吞吐量1350万人次，货邮吞吐量5.5万吨，航班放行正常率超过80%；初步构建起铁、航、陆国家综合物流、综合保税、临空工业园区、国际贸易为主体的临空产业体系
12	上海	《上海市航空制造产业链建设三年行动计划（2018—2020）》	发挥航空制造的战略性引领作用，加快建设集设计、研发、制造、认证、维修、运营、服务在内的航空制造完整产业链体系，将航空产业打造成为上海巩固提升实体经济能级的新增长点

表 2（续）

序号	地方	文件名称	摘要
13	辽宁	《辽宁省建设具有国际竞争力的先进装备制造业基地工程框架实施方案》	围绕做优做强航空装备，推进航空企业落实，打造航空产业特色园区，发挥省航空装备产业联盟的积极作用，加快航空产业科技成果在我省转化，弥补产业配套短板
14		《辽宁省建设重大技术装备战略基地工程框架实施方案》	将重点围绕航空装备工程等工程，在关键核心技术、共性技术、重大产品等方面实现突破，不断增强产业国际竞争力
15	湖北	《中共湖北省委 湖北省人民政府关于推进全省十大重点产业高质量发展的意见》	将航空航天产业作为十大重点产业之一，要求聚焦发力，实现高质量发展
16	广东	《关于扶持珠江西岸先进装备制造业发展的财政政策措施（2018—2020 年）》	提出具体的财政政策措施，在珠江西岸产业带基础上以更大力度支持装备产业发展，对全省符合条件的民用航空等产业项目可纳入一并享受政策扶持
17	贵州	《贵州省通用航空产业发展规划（2018—2025）》（黔经信军民〔2018〕6 号）	依托航空产业基础，力争用 5 ~ 10 年建设成为融合区域特色的通用航空全价值链服务集成地，最终形成全产业链发展的产业格局，推动军民融合相关产业发展
18		《贵州省经济和信息化委员会关于加快推动全省国防科技工业军民融合深度发展的意见》（黔经信军民〔2018〕7 号）	充分发挥我省军工产业基础和区域资源优势，加强宏观指导和政策支持，以行业领先为目标大力发展国防装备，实现关键领域的重点突破，进一步加快推动全省国防科技工业军民融合深度发展

第二部分

主要地区发展情况

北京市

一、本地区基本情况

2018 年，北京市民用航空工业行业规模以上企业 18 家，此外，中国航空工业集团有限公司所属企事业单位 7 家，中国航空发动机集团有限公司直属企事业单位 4 家，中国商用飞机有限责任公司所属研究中心 1 家。

二、生产经营情况

北京市民用航空工业调查对象，包含央企在京单位及民营企业，实现工业总产值 147.9 亿元，其中民用航空工业产值 84.9 亿元。

三、主要产品

（一）民用飞机

航天九院“飞鸿”–98 大型商业无人机，北通航 P750 飞机，北航 FH 系列无人直升机，中航智 TD220 型无人直升机等。

（二）航空发动机

航空发动机单晶叶片、高温合金涡轮叶片、复合材料机匣、钛合金铸件、民用直升机发动机燃油调节系统等。

（三）航空设备及系统

自动飞行控制系统、机载设备综合检测系统、综合显示设备、航空陀螺仪表、加速度计、无线电高度表、无线电罗盘、吊舱等。

（四）其他民用航空产品

钢制、粉末冶金及碳 / 碳复合材料刹车产品。各种异型、薄壁支板、各种轴承支撑座、飞机机身肋板等钛合金铸件，航空隐身座舱玻璃、驾驶员抗坠毁座椅、驾驶员座椅、操作员座椅、旅客座椅等。空域管理和机场调度平台、机场塔台辅助指挥信息系统、自动激光驱鸟器等地面设备，有杆、无杆两大系列共十余种牵引车及电动牵引车、系列挂装车等特种车辆产品。

四、产品开发与技术进步

（1）航天时代飞鸿技术有限公司，与顺丰控股股份有限公司合作，改装研制“飞鸿”–98（FH–98）国产化大型商业无人机，2018 年 10 月国内公开商业演示飞行试验圆满成功。该机型于 2018 年 8 月取得中国民航局适航审定试点批复。

（2）中国航空综合技术研究所，承担“航空轴承检测鉴定公共服务平台”项目，建成全寿命、一站式航空轴承应用服务平台、航空轴承基础数据库共享平台、航空轴承检测方法及设备优化创新、航空轴承第三方检测认证平台、航空轴承四级试验考核体系。

（3）北京汉飞航空科技公司研发的整体叶盘微应力复合加工技术和设备，通过西航的技术鉴定，同时，为兰翔公司加工新型直升机发动机核心部件——整体小叶盘，对其算法、工艺、设备有完全自主知识产权。

（4）金朋达科技有限公司引进捷克 PBS 公司 125 千克力推力航空涡喷发动机生产线和关键技术，在我国小型涡喷发动机研发制造领域形成竞争优势。

五、重大基础设施建设

（1）毗邻首都机场的顺义区，是全国“双创”示范基地、国家知识产权试点城市、国家产融合作试点城市、北京服务业扩大开放综合试点示范区，纳入建设全国科技创新中心“三城一区”主平台，凭借得天独厚的区位优势，形成了国门商务区、空港工业区、物流基地、天竺综保区等 13 个产业基地，打造“新能源智能汽车、第三代半导体、航空航天”三大创新型产业集群，其中，围绕国家“两机专项”，顺义形成了以航空发动机、航空材料、航空电子、航天系统控制、航空维修服务为主导的高端优势产业，聚集重点企业 70 家。推动中国航发研究院、中国航发高温合金涡轮叶片示范线、航天科技顺义航天产业园、中航复材基础研究应用、中航产业园科研生产基地二期、北京航科航空发动机部件优异中心、汉飞航空发动机核心部件智能化生产基地等项目落地建设。

（2）位于平谷区的北京市通航产业基地，现建有石佛寺和金海湖两座机场。围绕两座机场，产业基地分设马坊通航园区和金海湖通航园区。金海湖机场位于平谷区金海湖镇胡庄村西北，为 A 类表面直升机场，占地总面积 195 亩[①]。空域总面积 600 余千米 ^{2}，飞行控制高度 1800 米，拥有北京地区唯一的监视空域。机场配建指挥塔台和机库等 4100 余米 ^{2}，搏翼通航、方圆通航、泛亚通航等 9 家通航企业长期驻场运营，总驻场飞机 12 架。金海湖园区规划面积 2500 亩，重点发展航空游览、无人机测试验证和航空应急救援等产业。飞行区跑道建长 800 米、宽 40 米，配套塔台，配建有 8400 余米 ^{2} 综合机库和 1.6 万米 ^{2} 停机坪。综合机库内建有华北地区低空监控指挥中心，可对华北地区低空空域飞行器的飞行状态进行实时跟踪监控。

（3）航天时代飞鸿技术有限公司在京建设“智能无人机产业创新集群项目”，投资 3 亿元，新增建筑面积 2 万米 ^{2}，新增工艺设备 370 台（套），建设集技术研发中心、数字化工厂、复合材料无人工厂于一体的大型无人机产业创新集群。

（4）中国航发北京航科发动机控制系统科技有限公司在京建设“航空发动机部件优异中心项目”，占地 43 亩，投资 3.3 亿元，建成后用于发动机部件燃油控制系统研发，批量生产及航空零部件外贸转包加工。

（5）北京青云航电科技有限公司在京建设“航电系统产业基地（二期）项目”，园区总投 2.7 亿元，固投 2.5 亿元。建设液晶模块及精密装备厂房、售后服务中心、产品研发中心及配套建筑。

（6）中国民航科学技术研究院（原中国民用航空局航空安全技术中心）在顺义区国门商务区建设“中国民航航空安全实验基地”，目标建成我国民航安全领域的国家级综合性实验验证机构。投资 6.46 亿元，建筑面积 3.8 万米 ^{2}，建设航空运行技术中心、适航与维修技术中心、航空安保技术中心和事故调查分析中心等 4 个实验技术中心及辅助生产设施。

（7）北京控制工程研究所在京建设“航天科技航天产业园”，园区总投资 20 亿元，占地 218 亩，建设含卫星应用及智能装备产业基地、信息技术产业基地、飞行器姿轨控制系统项目在内的三大板块。

① 1 亩 =666.66 米 ^{2}。

天津市

一、本地区基本情况

2018年，天津市规模以上民用航空工业企事业单位有14家，分别是空中客车（天津）总装有限公司、西飞国际航空制造（天津）有限责任公司、古德里奇航空结构服务中国有限公司、庞巴迪宇航集团公务机维修公司、PPG航空材料（天津）有限公司、中航国际物流（天津）股份有限公司、天津波音复合材料有限责任公司、天津航天中为数据系统科技有限公司、天津全华时代航天科技发展有限公司、天津华翼蓝天科技股份有限公司、天津航空机电有限公司、航天精工股份有限公司、天津海特飞机工程有限公司等。拥有国家级技术中心1个，省级技术中心1个。

二、生产经营情况

天津市民用航空工业纳入国家统计口径的合资、国资、民营企业共11家，实现主营业务18.04亿元，其中空客（天津）总装有限公司和西飞国际航空制造（天津）有限公司为空客飞机提供整机和机翼总装、交付业务，业务收入8.02亿元（不包含整机和机翼零部件价值）。

三、主要产品

（一）民用飞机

空客系列飞机。主要包括A320和A330系列飞机，具备月总装5架A320系列飞机和交付2架A330飞机的能力，已累计交付A320飞机401架、A330飞机2架，占空中客车公司当年生产总量8%。

无人机。包括用于地图测绘、农业植保、物流运输、线路巡检的“柳莺”无人机、“鸾凤”无人机、“双头鹰”无人机、“蝠鲼”无人机、“信天翁”无人机、“雷鸟”无人机等特种无人机；用于山区、林区、海岛物资补给以及紧急救援的双旋翼TR-7B泰坦、CUBIC等大载重货运无人机；及其他飞控与地面站、全型谱无人机数据链、小型光电吊舱等产品。

（二）航空设备与系统

主要有飞机配电系统、环控系统、点火系统、防火系统、防除冰系统，产品包括各种电磁继电器、温度继电器、高能点火装置、火警探测器、温度控制盒、力臂自动调节器、无人机数据链系统等，广泛应用于国产C919、运20、“鲲龙”600、“新舟”系列等飞机。

（三）航空配套产品

主要有A320系列飞机机翼、钛合金紧固件、飞机用涂料、密封胶、风挡玻璃、客舱玻璃、座椅、复合材料、结构件和内装饰件等产品，以及飞机模拟飞行训练设备、工程仿真平台等配套装备。

（四）航空维修改装及服务

主要为庞巴迪及其关联方生产的飞机提供维护、维修、整修和机队技术管理等服务；为空客飞机提供短舱组装及维修服务；为空客A320飞机提供深度检测和其他飞机提供深度大修服务；为飞机租赁提供服务等。

四、产品开发与技术进步

中国直升机设计研究所在直升机研究方面取得重大进展，AC311、AC313等系列直升机投入市场，AC322、AC352直升机研发进度加快，形成了从1吨到13吨级完整的产品谱系；航天神舟飞行器有限公司生产的“彩虹”系列无人机技术性能处于国内领先水平，获得滨海新区授予的“国家重大科技创新平台”称号；天津一飞智控公司被国际权威媒体评选为“中国唯一、全球十个最有影响力的无人机研发及应用团队”。全产业承担及开展的民用航空科研项目10项，总投资6106万元。

五、对外贸易与合作

2018 年对外贸易与合作，主要是推动空客天津项目继续扩大二期合作成果。二期合作内容是，在空客 A320 项目一期成功合作的基础上，实现月产 5 架生产速率，同时在天津建立 A330 宽体客机完成和交付中心，达到月产 2 架的稳定速率；未来进一步拓展至 A350 项目在津投产。

在空客项目带动下，天津航空产业加速聚集。60 多家航空制造和维修项目落户，目前仍有 20 多个项目正在推动。西飞机翼、古德里奇发动机短舱、波音复合材料、索纳卡缝翼、PPG 航空涂料、罗克韦尔柯林斯模拟机、泰雷兹雷达、海德罗工装等企业不断扩充发展。

六、行业管理

一是进一步完善组织机构。2018 年，依据《天津市机构改革方案》，天津市工业和信息化局新设立航空航天产业处，负责天津市航空航天产业行业管理。组织机构的设立，为天津市航空航天产业健康发展提供了组织保障。

二是进一步加强顶层设计。全面落实《天津市建设全国先进制造研发基地实施方案（2015—2020 年）》，出台《天津市航空航天产业发展三年行动方案（2018—2020 年）》和《天津市智能科技领域军民融合专项行动计划》，把航空航天产业作为重点领域予以培育。

三是进一步夯实基础管理。开展民用航空统计年报和民用航空工业年鉴编撰工作，进一步加强行业统计管理和经济运行监测。同时，加强招商引资工作，积极协调有关部门，加强项目建设和科研生产中土地、资金等协调保障，进一步优化营商环境，为企业发展提供优质服务。

河北省

一、本地区基本情况

河北省规模以上航空企业 3 家，分别是中航通飞华北飞机工业有限公司、航空工业保定向阳航空精密机械有限公司和惠阳航空螺旋桨有限责任公司。2018 年，河北省航空企业持续坚持改革创新，不断探索发展新模式，坚持提升质量效益，开拓市场业务，逐步形成集民用飞机整机生产、运营、维修以及配套设备、产品研制生产的格局。

二、生产经营情况

2018 年，航空产业主营业务收入 8.34 亿元 ，总产值 8.05 亿元。实现利润 –9886 万元。其中，中航通飞华北飞机工业有限公司实现营业收入 27158 万元，利润 –11988 万元，完成工业总产值 20090 万元，工业增加值 5347 万元；航空工业保定向阳航空精密机械有限公司销售收入 13730 万元，总产值 13451 万元，利润总额 84 万元，工业增加值 3836 万元；惠阳航空螺旋桨有限责任公司完成工业总产值 46936 万元，工业销售产值 42537 万元，实现利润总额 2018 万元，完成税收 2454 万元。

三、主要产品

（一）民用飞机

整机生产交付各型飞机 7 架。其中运 5B 飞机 4 架，赛斯纳 208B 飞机 3 架。截至 2018 年底，民用飞机累积交付 415 架，其中，运 5B 飞机 256 架，“小鹰”500 飞机 98 架，赛纳斯 208B 飞机 54 架，“国王”350 飞机 7 架。

（1）运 5B 飞机。作为民用机型，运 5B 飞机符合中国民航局 CCAR–23 部适航标准，广泛应用农林作业、飞行员培训、空中游览、航拍航测、空投伞降、客货运输、勤务用机等多个通航领域，是通航领域保有数量最多、年作业量最大的国产通用机型。

（2）“小鹰”500 飞机。该机是我国目前唯一严格按 CCAR–23 部航空规章进行设计、生产、试验试飞、取证的具备完全自主知识产权的 4 ~ 5 座轻型飞机，填补了我国通用航空领域 4 ~ 5 座轻型多用途飞机的空白。“小鹰”500 飞机可广泛应用于飞行培训、私人飞行、旅游观光、农林作业、航拍航测等通用航空领域及侦察打击、巡逻监测、搭载轻型武器等军、警用途。

（3）运 5B 无人机。中航通飞华北飞机工业有限公司以现有运 5B 飞机为平台，进行运 5B 无人机系列型号的研发，重点目标市场为吨位级无人机物流货运。目前，运 5B 无人机已成功实现首飞，正在积极开展后续工作，早日实现交付用户。

（4）“小鹰”500 无人机。中航通飞华北飞机工业有限公司开放“小鹰”500 飞机平台进行无人机研发，目前与合作方共同开发的“小鹰”500 无人机已完成飞机改装和地面联试工作，正在进行地面滑行试验。

（5）其他工业级无人机。目前已有油动无人直升机、系留无人机、垂直起降固定翼无人机、警用无人机、亚声速靶机、微型旋翼无人飞行器等多种型号无人机投放市场，应用范围涵盖警用安防、消防灭火、边境巡线、应急救援、空中监视监测、通信保障、航拍测绘等领域。

（二）机载系统和设备

航空主要机载系统和设备包括无人机起落架、飞机上位锁系统、应急舱门、救生装备机械系统、航空仪表机械系统、导弹弹体、系列螺旋桨、调速器、顺桨泵、直升机旋翼毂及尾桨、舰船用空气螺旋桨、大型系列轴流冷却风机等。

（三）飞机维修服务

中航通飞华北飞机工业有限公司下属飞机

维修分厂，是少数具有通用飞机大修资质的制造企业之一，具有运5B飞机大修资质，主要开展飞机大修、改装业务。中航通飞华北公司与美国德事隆航空公司合资成立的石家庄中航赛斯纳飞机，合资公司也取得了赛斯纳208B飞机、“国王”350飞机、赛斯纳维度等喷气式公务机的维修检测资质，业务开展已取得较好成效。

（四）航空航天零部件配套

中航通飞华北飞机工业有限公司充分发挥自身制造优势，大力发展航空航天零部件配套业务。目前与国内相关主机厂及航天系统深入合作，承担AG600、运8、运9、运12等飞机产品大部件的配套生产，进一步拓展了公司的制造业务，打造高端装备制造配套基地。

四、产品开发与技术进步

（一）现有机型改进

2018年，“小鹰”500飞机综合航电项目经批准产品已开始交付客户；加装空调项目完成研制，获得中国民航局批准；换装CD–155航煤发动机项目实现首飞，进入调整试飞阶段；“小鹰”500无人机项目完成滑行。“海鸥”300飞机研制项目正在开展陆地与水上试飞工作。运5B飞机换装涡桨发动机项目正在积极推进，运5B涡桨无人机系统项目已形成发展思路并启动前期工作；运5B货运无人机系统项目已实现首飞。

（二）民机螺旋桨开发和研制工作

（1）JL–4A/1螺旋桨

JL–4A/1螺旋桨是针对民用飞机开发和研制的复合材料螺旋桨，与大型灭火/水上救援水陆两栖飞机配套。项目研发成功不仅可取得国内适航证，符合进入国内民机市场的要求。而且随着JL–4A/1螺旋桨在中国市场的成熟应用，有望逐渐取得国际民航适航证，为进入国际市场打下基础，提升我国航空螺旋桨研发及生产能力，推动我国螺旋桨飞机产业的发展。2018年随主机实现了水上首飞，螺旋桨性能良好，各项功能顺利实现。JL–4A/1螺旋桨于2018年11月荣获第三届中国军民两用技术创新应用大赛金奖，惠阳航空螺旋桨有限责任公司成为唯一一家获此殊荣的航空航天领域企业。

（2）商发复合材料OGV

进行复合材料静子叶片（OGV）研制，项目研发成功将填补国内复合材料叶片在涡扇发动机应用方面的空白，目前项目完成了03号验证机的装机件交付。

（3）发动机复合材料制件研制

进行复合材料风扇叶片和复合材料密封罩研制，目前风扇叶片正在开展叶片试制；密封罩开展了试验样件试制。

（4）AC312C型直升机尾桨研制

进行AC312C型直升机尾桨研制，2018年加紧攻关，完成了典型零部件静态、疲劳试验。

（5）风洞主压缩机碳纤维复合材料叶片

该项目产品主要用于目前国内最大的连续式高速风洞，其主压缩机运行温度136℃，惠阳航空螺旋桨有限责任公司研发了FL–62风洞主压缩机碳纤维复合材料叶片。该叶片进行了叶片的静强度、固有频率、低周疲劳试验的验证，并于2018年2月完成了产品的交付。

（6）结冰风洞电加热防冰叶片

多功能结冰风洞在使用过程中出现风扇叶片结冰，转子系统发生剧烈振动的问题，影响了风洞的正常使用。为此惠阳航空螺旋桨有限责任公司采用新加热材料、新工艺解决了电加热防冰、加热单元与叶片绝缘的技术难题，并进行了试验验证，产品于2018年7月完成交付。

五、对外贸易合作

中航通飞华北飞机工业有限公司2018年完成交付南非航校2架“小鹰”500试用飞机和保障备件，为拓展非洲市场奠定基础；公司与美国德事隆共同出资组建的合资公司——石家庄中航赛斯纳公司，取得了赛斯纳208B飞机、“国王”350飞机、赛斯纳“纬度”等喷气式公务机维修检测资质，完成145部增项工作，并向德国、印尼分别交付一架赛斯纳208B飞机。

成功举办2018中国国际通用航空博览会。本届航展以“国际化、专业化、品牌化”为方向，以“打造中国通用航空品牌城市，促进航空产业融合发展”为主题，设有改革开放40周年航空工业发展成就展区、“一带一路”通航文化与国际展团区、无人机展区、通航应用展区、培训系统体验展区、科技成果与通用航空展区。航展期间举办中国通用航空产业发展高峰论坛（主论坛）、全国森林与草原消防专题论坛、低空旅游与通航文化发展论坛、创新驱动与通用航空发展交流会、新时代区域通用航空业发展高端研讨会等5个论坛活动。组织了12架来自澳大利亚、立陶宛、新西兰等国家的全球顶级特技飞机进行飞行表演，国内专业的动力伞、高空跳伞等团队献上精彩的拉烟表演及空中造型秀，全球顶级的野外消防救援飞机也首次亮相石家庄。

六、行业管理

2018年9月18日，河北省发改委联合交通运输厅和石家庄市人民政府印发《石家庄正定国际机场航空枢纽发展计划（2018—2020年）》，该计划提出到2020年，机场保障能力进一步提升，驻场运力达到50架左右，完成年旅客吞吐量1350万人次，货邮吞吐量5.5万吨，航班放行正常率超过80%；初步构建起铁、航、陆国家综合物流、综合保税、临空工业园区、国际贸易为主体的临空产业体系。

山西省

一、基本情况

2018 年，山西省从事民用航空工业的企业共有 1 家，是太原航空仪表有限公司。该公司隶属于中国航空工业集团有限公司，下设电子系统研究所、显示技术研究所、敏感元件研究所、传感器技术研究所、工程试验中心和理化计量中心以及 5 个航空产品配套生产厂。

二、生产经营情况

2018 年，实现营业收入 64508 万元，同比 2017 年的 60882 万元增加 3626 万元，同比增长了 6%，实现利润总额 7327 万元，同比减少 7%。

三、主要产品情况

山西省民用航空工业主要产品为各类航空仪表，主要由太原航空仪表有限公司研发生产，航空仪表广泛用于各类轻型、运动型飞机。主要产品包括：座舱飞行仪表；传感器与弹性敏感元件；大气受感系统；智能振动筒压力传感器系列；振动筒气压仪系列；气压仪器检定系统等。

四、产品开发与技术进步

近年来，太原航空仪表有限公司围绕产品结构调整，加快推动技术创新步伐，逐步实现了由多品种向专业化，由机械产品向电子产品，由劳动密集型向高附加值的核心技术、由配套件向综合系统转化，标志着公司仪器仪表系统正向智能化、小型化、数字化、综合化的航空电子技术方向迈进。机械膜盒式、机电模拟式和微处理数字式等七十余项仪器仪表类产品先后获得国家级的发明专利、科技进步奖和新产品奖。

民用航空业务大力拓展外贸仪表，依托通用航空精益单元，持续提高现有膜盒仪表产能，引进地平仪表系列产品，完善通航机械备份仪表产品谱系；紧密跟踪国内民用、通用飞机发展，提升适航能力，为后续国内民用、通用飞机井喷式发展打好基础。

环境探测领域，以人工影响天气工程为突破口，逐步向机载航空气象发展，研发系列高端机载湿度、风、气压、过冷水含量等传感器，建立多参数综合测量和决策系统，形成通用吊舱产品；把气压、风、湿度测量作为主要研究方向，建立大气及流体理论研究能力；以高精度、智能化传感器为支点，探索在通航机场、民航机场综合气象自动测量系统的发展。

热控管理领域，大力扩展均温板产品市场需求，培育市场成熟度，建设满足首批客户需求的工艺能力，形成小批生产能力，完成全工艺能力的生产线建设，做好现有客户的合同执行及样板提供，通过走访客户，参加展会进一步提高市场影响力，扩大市场份额。

五、重大设施建设

2018 年，太原航空仪表有限公司科研生产能力建设项目按计划整体推进，实施能力建设项目 5 项，当年度预算 7780 万元，续建研制保障条件建设项目、批产能力建设项目及新建大气平台建设项目均按批复节点完成，募投项目按计划组织实施，年度预算执行率 100%。

内蒙古自治区

一、地区基本情况

发展民用航空工业对本地区的工业基础、人才培训、技术支撑、发展环境等都有很高的要求，内蒙古的航空工业发展基础基本属于空白，目前刚刚起步，只开展一些基础建设。现只有部分盟市正在开展小型飞机以及无人机项目建设，大多属于组装项目，产品技术含量不高，具有自主知识产权的产品不多，投产达产项目较少。据统计，全区有三户投入试生产的企业，主要生产轻型飞机和无人机；另外还有3个拟建项目，主要生产小型飞机和临近空间飞行器（飞艇）。

二、生产经营情况

2018年我区民用航空工业企业均没有形成销售。

三、主要产品

主要生产轻型飞机、无人机和临近空间飞行器（飞艇）。

四、重大基础设施建设

包头众翔通用航空有限公司飞机制造及飞行驾驶员培训中心项目。一期建成容纳3000名飞行驾驶员培训中心；二期建成年产150架水陆两用飞机，总投资64096万元。

海明堡飞机项目。计划总投资600亿元，该项目总占地面积500亩，分三期建设，一期投资100亿元，组装卡-32直升机、乌克兰发动机和雅克-40、安-38固定翼飞机；二期投资400亿元，在引进整机组装生产的基础上，发展国产化直升机、喷气公务机和螺旋桨支线飞机，同时引进大型直升机和螺旋桨飞机；三期投资100亿元，建设与航空制造业相关的配套项目。

中科大型飞行机器人项目。年产垂直升降机器人100台、手抛式燃料电池飞行机器人500台、小型长舰时飞行机器人300台。

阿拉善空天飞行器科技有限公司“临近空间飞行器基地”建设项目。建设平流层飞艇相关各类部件和其他关联产品。

五、行业管理

我区积极推动本地区航空工业的发展，将加强同民用航空工业发达地区的合作，引进高技术人才，以包头宇通博辉、中科大型飞行机器人、鄂尔多斯海明堡小型直升机、阿拉善飞艇项目建设，力争在通用航空制造领域实现突破。到2020年，小型无人机产量达到1000架、飞艇200架。

辽宁省

一、本地区基本情况

2018 年，辽宁省共有各类从事航空器及零部件生产、设计开发的企事业单位近百家，其中，规模以上民用航空工业企业 32 家；行业企业现有国家级企业技术中心 3 个，省级企业技术中心 12 个，全省规划航空产业基地及园区 7 个，其中沈阳民用航空产业国家高技术产业基地获国家发改委批准建设。

（一）航空工业主要企事业单位

骨干航空工业企业：沈阳飞机工业（集团）有限公司、中航沈飞民用飞机有限责任公司、中航发沈阳黎明航空发动机集团有限公司、中航（沈阳）高新技术发展有限公司、沈阳中体轻型飞机制造有限公司、航空工业沈阳兴华航空电器有限公司、辽宁联合航空发展有限公司、辽宁锐翔通用飞机制造有限公司、沈阳国泰飞机制造有限公司、沈阳西子航空产业有限公司、沈阳无距科技有限公司、辽宁壮龙无人机科技有限公司等。

地方配套企业：沈阳航达机载设备有限公司、沈阳松辽电子仪器有限公司、三橡有限公司、辽宁迪克航宇通用设备有限公司、大连四达高技术发展有限公司、大连长之琳科技发展有限公司、瓦房店轴承股份公司、东北特钢集团抚顺特钢股份有限公司、辽宁瀚海工业机电设备有限公司、凌海金城航空器材有限公司、锦州华兴航空器材有限公司等。

高校及科研院所：沈阳航空航天大学、大连理工大学、辽宁通用航空研究院、航空工业沈阳飞机设计研究所、中航发沈阳发动机设计研究所、航空工业沈阳空气动力研究院、中科院沈阳自动化研究所、中科院沈阳金属研究所、中国电子科技集团第四十七研究所等。其中，大连理工大学的“工业装备结构分析国家重点实验室”是国家级重点实验室，沈阳航空航天大学“航空制造工艺数字化”实验室为全国国防重点学科实验室，辽宁通航研究院通用航空重点实验室为辽宁省“十三五”重大学科平台。沈阳航空航天大学的“辽宁省飞行器数字化制造工艺与试验技术重点实验室、辽宁省飞行器复合材料结构分析与仿真重点实验室、辽宁省通用航空重点实验室、辽宁省航空推进系统先进测试技术重点实验室、辽宁省先进飞行控制与仿真技术重点实验室”、锦西化工研究院有限公司的“辽宁省航空有机透明材料重点实验室”等省级重点实验室。

（二）航空产业基地及园区

目前，辽宁省在沈阳、大连、营口、盘锦、朝阳等五个城市形成了航空产业基地及园区。

沈阳航空产业基地：包括三个园区，即浑南航空产业园、沈北航空产业园、法库通航产业园。浑南航空产业园：以沈阳桃仙机场和综合保税区为依托，以沈飞民机、沈飞国际为龙头，占地约 20 千米^2，重点发展航空整机组装、大部件和零部件制造、航空维修等产业。并围绕沈飞民机及沈飞国际零件配套业务，由航空产业集团负责建设运营，投资 18 亿元，建设 450 亩的专业化航空零部件配套产业园。沈北航空产业园：围绕沈飞、黎明军用零部件配套和产能转移，规划占地面积 13.7 千米^2，主要以军机配套及零部件制造为主，延伸发展航空研发设计、航空新材料、运营服务等产业。航空零部件配套方面，重点培养沈阳航空制造、明日宇航、天汽模、精合数控、西子、华钛等一批优秀战略供应商，构建专业化、开放型零部件配套集群。法库通航产业园：目前已入住通航企业 30 余家，主要发展通用航空整机研发制造、通航运营、无人机产业和航空培训等业务，获批全国首个“低空安全示范基地”。目前，辽宁通飞、辽宁锐翔、辽宁亿家和奥斯特通航等运营和辽宁联航神燕飞机制造项目已经落户。

大连航空产业区：在登沙河产业区建设的“大连航空产业区”将作为大连市发展通用航空核心区和重要产业基地，起步区 14 千米^2，为全国首批通航产业综合示范区，规划以航空工业为基础，以航空服务业为主导，以滨海航空小镇为依托的航空之城。重点发展航空器研发与设计，零部件生产制造，组装与维修，航空物流与保税、航空商务与运营、教育培训、旅游度假为核心内容的航空产业集群。

营口航空产业园：位于鲅鱼圈鹊鸣湖科技产业园，规划面积 6 千米^2，依托航空工业 601 所技术方合作，建设军民融合产业园。园区拟落地项目有军民两用旋飞无人机项目、4 ~ 6 座级水上飞机项目、无人机试飞基地及无人机驾驶员培训基地项目；以及航空工业 601 所主导的无人靶机项目和增材制造（3D 打印）项目等。

盘锦无人机产业园：在盘锦辽东湾新区无人机园区，依托辽宁猎鹰、辽宁昊一、盘锦丰瑞等无人机企业，重点发展农林牧渔作业、工业应用、运动娱乐无人机，重点发展轻型飞行器整机组装及发动机、机载设备、机电产品等航材生产。

朝阳通航产业园：重点发展飞行员、机务人员等人才培训，发展成在国内领先的飞行培训主基地，发展航空物流、旅游度假、商务和通勤运营等。

二、生产经营情况

2018 年，辽宁省前 16 家骨干民用航空工业企业完成工业总产值 41.83 亿元，同比增长 8.6%；其中，辽宁壮龙无人机科技有限公司、沈阳无距科技有限公司两家无人机企业首次进入规模以上企业，增长幅度较大。

三、主要产品

（一）通用飞机整机制造

电动双座轻型飞机锐翔（RX1E）由辽宁通用航空研究院研制，具有自主知识产权。增程型电动双座轻型飞机锐翔（RX1E-A）于 2013 年 6 月 13 日完成首飞试验，2015 年 2 月，获得中国民航局颁发的型号设计批准证书（TDA），2015 年 12 月，获得中国民航局颁发的生产许可证（PC）。辽宁凯博通用航空器股份有限公司生产的 CC18-180 顶级“小熊”越野飞机。辽宁联航神燕飞机有限公司引进意大利 TECNAM 公司技术生产 P2006T、P2010、P2008JC 等三型通用飞机。

（二）民用飞机零部件制造

辽宁骨干民用飞机制造企业与波音、空客、庞巴迪、中国商飞等知名航空制造企业均建立了稳定的合作关系，现有主要产品包括 A320、波音 737、波音 787、Q400、ARJ21、C919 等世界主要大中型飞机的机体结构部件，C919 大型客机 FTB 吊挂试验件，空客 A220 系列飞机前机身、中机身、后机身尾锥和舱门，ARJ21-700 飞机吊挂、尾段、电源中心、全机身电缆，波音 787-9 飞机垂尾前缘、单（多）金属膜盘联轴器、飞机座舱电子综合显示仪表、飞机传感器等。

（三）航空发动机

航空发动机及关键零部件研发制造和国际转包生产，微、轻、重型等多个燃气轮机成套设备的研制、批量生产等，主要产品有机匣组件、轴类零件、环形件、槽形件、钣金件整流罩、静子壳体等。

（四）相关产业的产品及服务

凌海金城航空器材有限公司和锦州华兴航空器材有限公司是从事民航客机内饰件生产的企业，两家公司均获得中国民航局颁发的零部件制造人批准书、技术标准规定项目批准书、重要改装设计批准书、国内主要航空公司供应商认可证书、ISO9001 质量体系认证。航空复合材料、航空紧固件和配线材料、航空数字化制孔压铆系统、柔性装配系统、AGV 智能输送系统和飞机数字化装配生产线、液压控制系统、飞机话音告警系统航空地面保障设备、模具以及机场管理、飞机销售、通航维修、航材引进、航校培训、融资租赁、航空俱乐部、通航运营等服务。

（五）航空维修服务

中国南方航空股份有限公司沈阳维修基地，主要承担民航客机维修安全保障任务，基地先后取得 MD90、A300 和 A320 系列飞机的全级别检修能力以及整机喷漆能力，获得了美国联邦航空局（FAA）机体维修资质，民用航空器改装设计委任单位代表（DMDOR）授权资质，是民航东北地区首家进口航空器授权单位。

（六）无人机装备

辽宁省无人机企业开发不同级别的固定翼和旋翼类无人机，突破任务载荷、自主导航、自动控制驾驶系统、无线链路传输系统等关键技术，提高无人机产品的可靠性和安全水平。沈阳无距科技在无人机飞控技术、矢量倾转多旋翼无人机、运营平台规模等方面行业领先。辽宁壮龙无人机研制的油动直驱“重载荷、长航时、高可靠”无人机技术水平国际领先。大连三科发展完全自主知识产权的无人机靶机的研制，还有沈阳中测、辽宁猎鹰、辽宁力德、沈阳丰瑞、辽宁昊一等企业发展农林作业和工业应用类无人机研制，并进一步扩大在应急救援、航空拍摄、运动娱乐等领域应用。

四、产品开发与技术进步

2018 年，民用飞机研发能力潜能逐步释放。沈飞公司参与空客 A220 系列飞机研制，现承担的工作包研制任务已扩展至前机身、中机身、后筒段、舱门、尾锥、翼身整流罩、中央翼盒等 7 个。波音公司在沈阳设立了全国第一个区域性研发制造中心——航空工业集团波音创新中心。省地方企事业单位先后承担了工信部立项的轻型电动双座飞机、增程轻型电动双座飞机、轻型电动四座飞机、电动水上飞机研制等 4 项民机研制项目。

产品智能化装配水平显著提升。沈飞国际引进的第一台自动钻铆机已实现前机身和中机身壁板月产 3 架份装配能力，第二台自动钻铆机完成设备验收评审；机器人自动加工系统和机器人自动制孔设备制造工作已全面启动。

信息化进程加速推进。沈飞民机公司以 ERP 系统为基础平台，建立了公司物流、信息流、资金流同步的智能物流系统，并全面推进实施 MES 系统，顺利完成了批产项目的上线运行。沈飞国际 ERP 系统和 CAPP 软件已经上线，工装管理系统已在尾锥、舱门装配线全面应用，民机 MES 生产管理信息系统和 WMS 仓储管理信息系统均已完成前期开发并实现试运行。

民用航空发动机转包生产取得了显著进步。先后在发动机机匣锯齿孔加工、长轴珩磨加工、油气水路一体化燃油喷嘴组合加工、热障涂层、无磁钢管加工、钛合金金属黏结、蓝腐蚀表面处理、硅橡胶填充等重大技术上取得了突破，其中多项创新成果填补了公司、行业和国内的技术空白。

配套企业进入国际知名企业合格供应商名录。大连长之琳科技发展有限公司成功研制采用 PEEK 高分子复合材料的航空紧固件系列产品，包括卡箍、螺栓、支撑座等，作为一种可替代金属的高分子材料，由于其独特的重量轻、强度高、耐腐蚀等特性，PEEK 高分子复合材料已在波音、空客、中国商飞等公司广泛应用，并进入合格供应商名录。

五、对外贸易与合作

2018 年 7 月 26 日，沈飞民机波音 737MAX48 段首架交付仪式在沈飞民机公司举行。波音 737 项目是沈飞民机最早承接的国际转包项目之一，项目运行已超过 20 年，沈飞民机上一年又与美国势必锐公司签订了波音 737MAX 尾段合同，合同期为 10 年，月平均交付速率为 10 架份，这标志着双方合作迈上了新台阶。

黎明公司与客户的合作由最初的一般供应商逐步发展为风险共担的战略合作伙伴，加工的零件也逐渐从简单件向复杂件、一般件向关键件、零件向部件和组装件乃至整机过渡，合作伙伴主要包括美国 GE 能源与水处理公司、美国 GE 航空公司、意大利油气公司、英国罗罗公司、法国赛峰公司、美国普惠公司、美国哈立波顿公司、意大利 Avio 公司、美国 FMC 公司等。

沈阳西子与 BE 宇航签订长期合作协议。双方就空客 A350、波音 747 等机型厨房管路、氧气系统覆盖件、机舱侧壁板、行李箱盖板、飞机座椅等零组件工作包开展合作。与波音公司签订商务合同，波音会在内饰件项目转移之后，开始飞机结构件的转移。

2018 年第十二届珠海航展，航空工业集团和中国航发集团驻辽企业积极参展，同时，还有辽宁锐翔通用航空有限公司、辽宁通航研究院、辽宁航成科技有限公司、辽宁华万科技有限公司、辽宁联航神燕飞机有限公司、辽宁壮龙无人机科技有限公司、沈阳威亚航空维修工程有限公司、沈阳航空产业集团有限公司、沈阳君威新能科技有限公司、大连长之琳科技发展有限公司、鑫精合科技有限公司等17家单位参展。期间，辽宁联航神燕、辽宁锐翔等通用飞机制造企业在展会现场签约了批量销售协议，合同金额约6500万元。

六、重大基础设施建设

航空工业空气动力研究院实施的项目位于沈北新区沈北新城203国道东侧，占地594亩，总建筑面积20万米^2，主要建设跨声速风洞、低温高速连续式风洞、航空气动力试验技术研究中心、科协研作服务中心、航空产业发展中心等。项目计划总投资30亿元，建设周期2015—2021年。

沈飞国际实施的A220系列飞机机身工作包装配生产能力建设项目，占地面积约7.46万米^2，主要建设厂房、附属用房及配套设施，新增工艺设备353台（套），进行A220系列飞机机身工作包装配生产线建设。主厂房内主要分布组合件装配区、舱门安装区、库房区、整流罩装配区、尾锥装配区、中央翼盒装配区、自动钻铆区、大部件存放区和预留区等。附属用房为厂房配套功能设备间和办公室等。项目计划总投资25.8亿元，建设周期2015—2022年。

沈阳航空制造有限公司实施的航空04专项智能制造示范基地项目。项目位于虎石台，主要建设承接国家04专项的智能制造示范工厂，总部研发楼宇及相关配套设施。项目计划总投资5.5亿元，建设周期2018—2020年。

大连乾宜航发科技有限公司实施的航空发动机榫齿盘生产线项目。项目利用现有厂房进行建设，购置主要及附属生产设备34台（套）。项目计划总投资3.8亿元，建设周期2018—2020年。

大连盛辉钛业有限公司实施的航空标准件先进制造中心项目。主要建设拥有自主知识产权的航空标准件研发、生产基地，购置大量生产、检测设备以及大量智能化系统设备及信息化系统设备，建设航空钛管路连接件、钛螺栓、钛螺母三条生产线，实现年生产650万件航空钛合金紧固件、约10万件航空管路件能力。项目计划总投资1.5亿元，建设周期2016—2020年。

沈阳法库通航产业基地与天沐集团合资建设沈阳通用航空高技术产业研究院，重点建设20万米^{2}厂办一体综合楼，目前正在进行基础工程建设，规划搭建科技服务平台、通航检测实验室、军民成果转化测试中心、孵化中心空间等。2018年2月19日，沈阳无距科技有限公司研制的无人机在法库通航机场的5G环境下进行飞行演示，并完成超远距离超高清视频实时回传和360度VR相机的高清实时回传任务演练，此次演示，预示着即将来临的5G商用时代，无人机行业的应用范围将会更加广阔。

七、行业管理主要工作

一是省委省政府出台了《辽宁省建设具有国际竞争力的先进装备制造业基地工程框架实施方案》和《辽宁省建设重大技术装备战略基地工程框架实施方案》等政策文件，均将通用航空工业作为重点发展领域，建成相对完善的产业推进、市场开发、生产运营、金融保障和服务网络，形成国内领先的全产业链协调发展的产业格局。

二是联合辽宁省航空产业联盟开展工作。辽宁省航空产业联盟成功召开年度联盟协同发展大会，联盟理事长单位顺利换届，由航空工业601所接替中航发黎明公司轮值担任，2018年底，成员单位发展至180家。围绕“产学研用融”等全产业链，推动联合创新、协同制造、产融结合、军民融合发展，促进航空工业结构调整、转型升级。

三是争取资金政策支持。积极争取民用航空科研专项，以及“两机”专项等资金支持。先后有3个通航研制项目获得工信部批复立项，争取国拨资金支持。联合省航空产业联盟，组织辽宁联合航空发展有限公司等12家单位报送民用飞机专项科研“十三五”技术研究类指南建议30个项目。省政府在成立了省产业（创业）投资引导基金的基础上，正在积极推进成立省航空产业发展基金，聚焦航空产业发展。

四是创建省级航改燃气轮机创新中心。2018 年 5 月 23 日，辽宁省燃气轮机创新中心揭牌仪式暨第一次联盟成员大会在 606 所召开，这标志着目前国内唯一的航改燃气轮机省级中心正式创建，中心由 606 所联合燃机产业链上下游企业、科研院所、高校、行业组织等 15 家成员单位共同组建，采取网络化科研模式，建设多学科、跨领域、跨地区，优势互补、资源开放共享的科研创新网络平台。

吉林省

一、本地区基本情况

吉林省民用航空工业目前正处于起步阶段。到2018年底，全省民用航空企业10余家，纳入中国民用航空工业统计企业1家，从事航空工业人员300余人，其中高级工程师37人，工程师48人，助理工程师59人，技术员130人，专业技术人员占员工总数的比例达71%。吉林省国遥博诚科技股份有限公司、吉林威和航空科技有限公司、吉林省山河良盛科技有限公司、长光卫星技术有限公司、吉林省大阳科技发展有限责任公司等7家企业，主要从事无人机设计生产及基于无人机的远距离宽带数据传输服务。长春奥普光电技术有限公司、长春泰豪电子装备有限公司、长春希迈科技股份有限公司、长春天骄翔宇科技有限公司、吉林省福航航空学院、吉林航空工程职业技术学院，主要从事航空服务及航空配套设备生产。

二、生产经营情况

2018年，吉林省民用航空工业企业实现产值1.3亿元，同比下降18.8%，主营业务收入为1.1亿元，同比下降13.7%，净利润为2100万元，同比下降12.5%。

三、主要产品

（一）无人机产品

主要以整机制造、飞控系统研发、零部件生产等为主，产品涵盖多旋翼无人机、固定翼无人机、固定翼结合多旋翼的复合翼无人机，载重量从几十千克至几百千克不等，主要用于农业、林业、国土、规划、应急、安防、电力、能源、广播电视等领域，已初步形成了包括基础研究、研发制造、行业应用、产品销售检测试飞的无人机全产业链条。

（二）其他民用航空产品及服务

（1）民用航空配套设备。长春奥普光电研制的机场跑道异物监测系统、前庭功能检测仪等航空地面装备填补国内空白，异物监测系统已在北京某空军基地机场跑道进行验证试验并投入使用，实现了机场跑道的智能监控。长春泰豪电子生产的测高雷达设备、长春希迈科技生产的气象仪器设备、长春天骄翔宇科技生产的航空模拟设备等均达到国内领先水平，是飞行培训和机场建设必配装备。

（2）民用航空服务。吉林省福航航空学院具有飞行培训资质，拥有8架DA40飞机，年培训60名学员。国遥博诚、天天飞和山河良盛具有国家飞手培训资质。长春工程技术学院设立了无人机飞手培训基地，年培训飞手300余人。吉林航空工程职业技术学院位于二台子机场东端，是培养航空工程各类地勤专业人员及工程技术人员的专业院校，教学内容涵盖航空修理所有专业。珲春国遥、威和航空等企业开展航空测绘、电力巡检、城市规划、国情普查、土地确权、农林植保、公安、武警应急、海事边防等通航业务。吉林大学重载荷智能化物探专用无人直升机可实施航磁、航空电磁、航重、航放等探测任务。榆树通用机场拥有4架罗宾逊R22直升机，开展旅游观光、应急救援等通航服务。

四、产品开发与技术进步

（一）国遥博诚公司

国遥博诚无人机团队自主攻关汽油发电系统大载荷长航时无人机，主要研究和开发能够搭载到传统电驱动多旋翼无人机平台上的水冷汽油发电机，针对于水冷发电机所应用的不同领域和区域，开发出一套能维持其发电机正常运转的电子控制系统；为减轻机身自身重量，设计开发一款具备发动机启动与发电的一体系统；针对水冷汽油发电式电动多旋翼无人机开发一款可与发电机电子控制系统所匹配的飞行控制系统，专项解决振动问题、动力输出问题。本项目的开发，不仅本身具有重大的经济效益，而且由于水冷汽油机发电式电动多旋翼无人机广泛地应用于应急减灾勘察、城市规划测量以及农业飞防、林业监测飞防、交通信息采集、公安系统巡查等行业，对吉林省乃至国家相关产业的发展有重大推动作用，具有巨大的社会和生态效益。

（二）威和航空科技

（1）油电混合农业植保飞防无人机平台。近年来随着电动多轴无人机的大面积普及，其结构简单、入门容易、成本低廉的特点越来越明显，但同时，其续航时间短、任务载荷小的问题也越来越严重。根据无人机农业应用市场的需求，针对电动多轴无人机的固有缺陷，公司正在研发基于油电混合的农用多轴飞行平台。具体指标为：任务载重 50 千克，起飞重量 90 千克，续航时间 2 小时，最大平飞速度 10 米 / 秒。油电混合多轴飞行平台采用汽油机带动发电机作为系统电源包的设计方案，不更改现有电动多旋翼无人机的结构，系统模块化程度高。具有技术成熟度高，系统可靠性高，成本低，结构简单，便于维修等优点，非常适合于农业植保及特种载荷搭载。项目现在已经完成方案设计及关键部件功能实验，现正处于设备采购阶段，后续将进入整机组装及试飞工作。该款 50 千克级油电混合多轴无人机平台推出上市后，根据市场需求将继续研发推出 100 千克级油电混合多轴无人机平台，以适应国内外更大的市场需求。

（2）中型固定翼无人机平台。从农业无人机领域发展来看，近年来农业无人机的发展已经从简单的植保无人机向精准农业方向发展，需要发展无人机的农情检测功能。从精准农业的角度来看，要分时段的监测土壤墒情、作物长势、病虫灾害、旱涝灾害等情况。需要搭载多光谱相机、三维立体扫描仪等设备。因此，除 50 千克级多轴无人机作为搭载平台外，从作业效率角度来说，还需要发展任务载荷 50 ~ 100 千克的中型固定翼无人机。根据测绘作业要求，也可与西北工业大学航空学院联合研发 300 千克级固定翼无人机测绘系统，用于挂载光谱相机、三维立体扫描仪等载荷，满足农情检测需要。并且，该平台可以搭载测绘设备，用于测绘作业需求。中型固定翼的大载荷、长航时、高精度优势将会在大数据应用领域弥补遥测卫星精度差的缺点。二者相互搭配可以弥补各级政府部门及相关企事业单位对各领域数据的不同需求。

（3）CG200 型固定翼无人机。一种军民融合项目的高端产品，在气动力设计上采用翼身融合体外形，兼顾气动与隐身性能；已完成 1 : 2.88 缩比模型风洞试验。在燃油动力系统上采用意大利进口电控燃油喷射活塞发动机，实现油耗低、升限高的显著特点。在组合导航系统上采用高精度、军品级 GPS/INS 组合导航系统、大气数据计算机和无线电高度表，在机体结构设计上采用全碳纤维复合材料及其实现整机设备优化布局，目前已完成产品试验及试产阶段。

五、重大基础设施建设

吉林市国家通用航空产业园规划建设情况。该航空产业园作为国家通航产业示范区的核心区，毗邻经开北区、高新北区，园区按照利于发展、功能齐备、规划完整、政策共享的原则，以二台子机场为核心进行规划，规划用地面积 53.35 千米 ^{2}，空间上包括昌邑区孤店子镇、土城子乡、桦皮厂镇，经开区双吉街道、九站街道部分用地。规划有机场运营、航空维修制造、航空物流、通航运营等七大功能板块。目前正在编制园区总体规划方案。

六、行业管理主要工作

为加快推进通用航空产业发展，结合落实国家关于通用航空产业发展的各项规划任务，吉林省正在制订通用航空产业发展规划和实施方案，未来一段时期，将在以下几个方面着力推动通用航空产业发展。一是推动通用航空装备加快发展。重点依托吉林航空维修有限公司在国内航空维修的领军优势，拓宽在役飞机及其部附件的维修业务，进一步提升维修能力。发挥长春航空液压控制有限公司掌握航空发动液压核心控制技术优势，打造中国航空发动机控制系统研制生产基地。推动落实商务飞机、轻型运动类飞机产业项目。扩大工业级无人机、航空地面装备等技术和市场优势。二是提升通用航空综合服务能力。加快发展通航教学培训、低空旅游观光、快捷航空运输、应急救援、航空物流、金融、保险、租赁、服务外包、文化创意等现代航空服务业，完善航空产业发展链条，为通航产业发展提供支撑和保障。三是打造通用航空产业集群。发挥吉林市国家通用航空产业综合示范区示范引领作用，推动吉林航空产业园、长春天吉通用航空城规划建设，引导通航制造业向长春和吉林地区集聚发展。四是强化通用航空基础设施支撑能力。按照“以飞行带市场、以市场拉产业、以产业促发展”的通用航空发展路径，加快构建周边区域通用航空机场网络，推动通用航空由点到线、由线到面发展。

黑龙江省

一、本地区基本情况

黑龙江省航空工业起步于建国初期，是我国直升机、通用飞机、航空发动机、传动系统重要的研发和生产基地，累计交付各类直升机、飞机 2500 余架，生产、修理 20 个机型 10000 余台轻型航空动力及衍生品、8 个机型 6000 余台（套）航空机械传动系统。重点企业有航空工业哈尔滨飞机工业集团有限责任公司（简称航空工业哈飞）、航空工业哈尔滨通用飞机工业有限责任公司（简称航空工业哈飞通用）、中国航发哈尔滨东安发动机有限公司（简称中航发东安）、中国航发哈尔滨轴承有限公司（简称中航发哈轴）、中国航空工业空气动力研究院等生产和研发单位。重点配套单位有哈飞空客复合材料制造中心有限公司、东北轻合金有限责任公司、哈尔滨工业大学、省石化院、广联航空工业公司等。

2016 年 6 月，由航空工业哈飞、航空工业通飞和黑龙江省大正投资集团有限责任公司共同筹资组建哈尔滨通用飞机工业有限责任公司。该公司隶属于航空工业直升机，注册资本 5 亿元人民币，主要从事运 12 系列飞机的生产制造、国内外销售及客户服务等相关业务。哈飞通用公司 5 亿元注册资本已经全部到位，企业具备年产 20 架的生产能力。2018 年企业签署两架机协议，2018 年 9 月完成生产，等待交付。

二、生产经营情况

按照省统计局数据，2018 年我省航空产业规模以上企业 6 家，实现产值 13.17 亿元。哈尔滨飞机工业集团有限责任公司和中国航发哈尔滨东安发动机有限公司不在统计范围内。

三、主要产品

（一）整机

形成了以“AC312 系列、AC352”民用直升机和“运 12E、运 12F”固定翼飞机为代表的产品体系，构建起了“军民融合、一机多型、系列发展”的产品格局。

（二）核心部件

主要生产涡轴 -16 发动机、Z8 主减速器、Z9 系列传动系统等直升机发动机和传动系统。

（三）其他民用航空产品

运 20 机翼上下壁板、空客 A350XWB 及空客 A320 系列复合材料飞机零部件、航空轴承等。

四、产品开发与技术进步

中国航发东安涡轴 -16 发动机配装 AC352 首飞成功，2018 年 6 月，在法国各方会议期间对该项目进度做了新的调整，计划于 2019 年 9 月完成适航取证，2021 年进入小批量生产。

五、对外合作

我省航空企业是国内开展对外合作最为成功的航空产业聚集区之一，先后与欧洲直升机公司、美国波音公司、俄罗斯空气动力研究院等多家国外企业开展了国际合作，有效提高了企业的设计、工艺制造及管理水平，初步实现与国际航空制造业接轨，融入世界航空工业发展主流。哈飞公司从法国引进了“海豚”直升机生产技术专利，研制了直 9 系列直升机，与巴西航空工业公司合资建立了 ERJ-145 支线客机总装线，与欧洲直升机公司联合研制了中型多用途民用直升机直 15，与波音公司合作转包生产的波音 787 复合材料翼身整流罩，与空客公司合作转包生产 A320、A330 的复合材料零部件；东安集团与美国联合技术公司、霍尼韦尔公司、法国透博美卡公司转包生产多项发动机零部件和航空传动部件等项目。

六、行业管理

利用中国商飞2018年6月28日在省内举办“2018年中国支线航空发展论坛”契机，梳理省与中国商飞合作线索，组织省内40余家企业与中国商飞进行对接洽谈，积极推介省航空装备相关产品。

上海市

一、本地区基本情况

2018 年底，上海市民用航空工业企事业单位共有 40 余家，其中规模以上企业 25 家，规模以上工业企业 19 家。拥有中国航空研究院上海分院、民用飞机模拟飞行国家重点实验室、国家商用飞机制造工程技术研究中心、民用航空先进检测技术实验室、商用航空发动机联合创新中心、国防科技重点实验室（航空电子）和航空科技重点实验室（故障诊断与健康管理技术）等一批科研平台。主要企事业单位有：中国商用飞机有限责任公司（简称中国商飞公司）及其所属中航商用飞机有限公司、上海飞机设计研究院、上海飞机制造有限公司、上海飞机客户服务有限公司、上海航空工业（集团）有限公司；中国航空发动机集团所属中航商用航空发动机有限责任公司（简称中国航发商发）、中航通用电气民用航电系统有限责任公司（简称昂际航电公司）、中国航空无线电电子研究所（615 所）、上海航空测控技术研究所（633 所）、上海航空电器有限公司（118 厂）；上海西科斯基飞机公司。零部件配套企业：包括上海新华东光电技术研究所、氰特表面技术（上海）有限公司、蒂森克虏伯航空材料（上海）有限公司、上海上飞飞机装备制造有限公司。维修保障企业：东方航空技术有限公司、上海波音航空改装维修工程有限公司、上海普惠飞机发动机维修有限公司、上海科技宇航有限公司、上海东联航空机轮刹车大修工程有限公司、上海柯林斯航空维修服务有限公司、上海凯迪克航空工程技术有限公司、上海航新航宇机械技术有限公司、上海威克特航空地面设备有限公司、上海才才航空设备有限公司等。航空租赁企业：中航国际租赁有限公司等。

上海是国家首批“国家新型工业化产业示范基地（航空产业・上海市）”，重点布局为：干支线飞机设计研发布局在浦东张江，飞机装配、大部件制造与试验试飞等布局在浦东祝桥东部，客户服务布局在闵行紫竹；商用航空发动机设计研发、客户服务布局在闵行紫竹，装配试车、单元体制造与试验验证布局在浦东临港；航空电子系统设计研发、集成验证、客户服务布局在闵行紫竹；航空机电设备研发制造与试验验证布局在浦东临港及相关产业园区；航空维修、飞机改装等以浦东、虹桥国际机场周边和青浦出口加工区等地域为主；航材物流以航空港、保税区等为主；航空营销和运营总部、融资租赁企业等以市及各区县专业化产业集聚区为主。

二、生产经营情况

上海地区民用航空产业 2018 年实现销售收入 247.06 亿元，同比增长 10.3%；工业企业完成工业总产值 235.85 亿元，同比增长 13.9%。

三、主要产品

（一）民用飞机

中国商飞公司：ARJ21-700 新支线飞机、C919 大型客机。

上海西科斯基飞机公司：S-300C、S-333 等直升机。

（二）航空设备及系统

中国航发商发：“长江”-1000A 大涵道比商用航空发动机。

昂际航电公司：C919 大型客机航电核心处理系统、综合显示系统、机载维护和飞行记录系统等。

中国航空无线电电子研究所：C919 大型客机显示系统及核心处理系统，AG600 飞机主航行系统、电子飞行仪表系统、空中交通防撞系统和飞行管理系统，运 12F 特种飞机 T1 级航电系统等。

上海航空测控技术研究所：C919 大型客机客舱信息系统和客舱管理接口子系统等。

上海航空电器有限公司：C919 控制面板及调光控制系统和集成断路器板，MA700 控制面板及调光控制系统和二级配电等。

（三）其他民用航空产品

商用飞机机载液晶显示屏，碳纤维环氧树脂合成材料，航空电线、电缆，合金材料，飞机装配工装、型架和模具，各类紧固件、标准件等。

四、产品开发与技术进步

中国商飞公司：2018 年 5 月 23 日，ARJ21 飞机 111 架机完成第一次飞行；5 月 28 日，112 架机完成首次生产试飞；8 月 10 日，103 架机在吐鲁番完成高温试验；8 月 15 日，103 架机在揭阳完成高湿试验。2018 年 6 月 6 日，C919 飞机完成全机静力试验首个极限载荷工况；7 月 12 日，完成 2.5g 极限载荷静力试验；12 月 28 日，第三架 C919 飞机在上海浦东国际机场完成首次飞行。

昂际航电公司：C919 大型客机航电核心处理系统、综合显示系统、记载维护和飞行记录系统顺利交付安装。

中国航空无线电电子研究所：C919 大型客机显示系统及核心处理系统 A664 网络交换机顺利交付安装；完成 AG600 飞机主航行系统 9 个分系统的集成验证，AG600 飞机电子飞行仪表系统、空中交通防撞系统和飞行管理系统顺利交付安装；完成运 12F 特种飞机 T1 级航电系统二阶段联试工作。

上海航空测控技术研究所：C919 大型客机客舱信息系统顺利交付安装；C919 大型客机客舱管理接口子系统完成 2 套客舱接口单元 CIU 地面试验件的交付，完成 66 套乘客服务单元 PSCU 地面系统集成试验件的交付。

上海航空电器有限公司：C919 控制面板及调光控制系统和集成断路器板顺利交付安装；MA700 控制面板及调光控制系统正在进行第三轮原理样机详细设计；MA700 二级配电通过初步设计评审，正在进行原理样机设计优化。

五、重大基础设施建设

（一）中国商飞公司

在各方面的有力支持和推动下，中国商飞公司在沪的“一个总部和五大中心”建设顺利推进。

中国商飞总部基地完成建设并投入使用。

设计研发中心：规划用地约 1200 亩，先期规划建筑面积约 20 万米^2，已建成并投入使用。

总装制造中心：规划用地约 4000 亩，总建筑面积近 120 万米^2，一期建设规模 36 万米^2，已建成并投入使用。

客户服务中心：规划用地近 190 多亩，总建筑面积 10 多万米^2，现已建成并投入使用。

民用飞机试飞中心：规划用地约 168 亩，总建筑面积近 10 万米^2，一期 7 万米^{2}已建设完成。

基础能力中心：规划用地 57 亩，总建筑面积 1.6 万米^2，已建成并投入使用。

（二）中国航发商发

研发基地位于闵行紫竹科学园区，占地 450 亩。总部及研发中心大楼、人才公寓等一期建设已完成并投入使用。

装试基地位于临港重装备产业区，占地 1236 亩。一期建设已完成并投入使用，二期建设正在实施中。

（三）民机航电产业园

中航民用航空电子产业园占地 186 亩，一期工程建设已完成并投入使用。

（四）浦东机场试飞跑道建设

按照中国商飞公司型号研制节点目标，浦东机场第四、第五跑道已全面建成并投入使用。

六、行业管理

围绕大力支持干支线飞机和商用航空发动机等产品的研制与产业化发展，促进上海民用航空产业的做大做强，逐步将上海建设成国家民用航空产业的重要基地。一是继续推进落实《上海市民用航空产业“十三五”发展规划（2016—2020 年）》；二是发布《上海市航空制造产业链建设三年行动计划（2018—2020）》；三是积极开展《上海航空产业配套规划研究（一期）》课题研究，深入探索上海发展民用航空产业的路径和方法，提出具有上海特色的政策措施和相关建议；四是支持和鼓励核心企业、高等院校、科研机构承担国家和市级民用航空类研究中心、实验室等的建设任务。

江苏省

一、本地区基本情况

2018 年，是江苏结构调整转型升级的关键时期，航空装备制造产业已成为江苏培育产业新动能的重要方向之一，南京、镇江、无锡、常州、苏州等地的航空产业集聚区发展态势良好。江苏在整机制造、动力系统、机电系统、航电系统、航空材料、机场设施等产业链各个环节都有了较好发展，特别是在航空发动机和燃气轮机产业链配套、轻型动力、液压、燃油、雷达等系统研制领域形成了自己的特色和优势。江苏紧抓国产大飞机项目带来的重大机遇，30 多家企业参与了国产大飞机 C919、水陆两栖飞机“鲲龙”600、ARJ21 等国家重大工程研制配套，11 家企业跻身中国商飞 C919 协作配套供应商行列。

江苏民用航空工业规模以上企业 40 家，其中，纳入中国民用航空工业统计企业 9 家。2018 年全省航空装备制造主营业务收入 182.23 亿元，同比增幅 11.71%，利润总额 14.86 亿元，同比增长 18.88%。

二、主要产品

（一）整机技术与产品

轻型飞机、公务飞机、无人机飞机。

（二）航空轻型动力技术与产品

100 ~ 500 马力[①]活塞式发动机、800 千牛以下（重点是 500 千牛以下）推力的涡喷 / 涡扇发动机、1 兆瓦级功率以下燃气轮机、航空动力辅助系统。

（三）航空电子系统技术与产品

航空通信系统、飞机座舱仪表显示系统、空管雷达、天气雷达、卫星云图接收设备、高空气象雷达、数字式电子探空仪等。

（四）航空机电系统技术与产品

航空发动机电子控制系统、航空惯性导航系统、航空发动机参数采集器、航空发动机民用飞机和直升机飞控系统、液压传动系统、电源 / 电气系统、燃油系统、环境控制系统、装载及空投系统等。

（五）航空保障技术与产品

航空指挥调度系统、航空灯光电源系统（探冰灯、标志灯、翼尖保护罩、翼根保护罩）、航空检测设备、大型客机客户服务应用系统集成平台软件、市场与客户支援管理系统、飞机状态监控及健康管理系统、信息系统综合测试平台、便携式外场测试仿真系统、适航管理工作平台及登机廊桥、加油车、飞机维护等地面综合保障设备和系统。

（六）其他航空技术与产品

航空安全座椅、航空内饰件、航空新材料（以气凝胶、相变材料等新材料为代表的航空航天保温隔热材料、铝合金型材、航空发动机叶片用铸造母合金、高温合金、碳 / 碳复合材料、超级纤维、钛合金、镍合金、铜合金、精密不锈钢制品等）、航空精密轴承、飞机轮毂、航空发动机零部件（航空发动机叶片、整体叶盘、静叶片、导叶片、机匣，实心或带陶瓷型芯的涡轮动、导叶片及结构件等）。

三、产品开发与技术进步

2018 年，全省民用航空装备制造企业不断加大研发投入，各航空产业集聚区内企业产品开发和技术水平进一步提升。

其中，南京机电科技有限公司相继完成 C919 大型客机、AG600 水上飞机燃油、液压、空气管理三大系统研制，共交付 83 项产品；南京大翼航空科技有限公司新研发的无人机云系统获中国民航局批准成为全国第 6 家无人机云系统提供商。无锡江苏永瀚合金已经完成一百

① 1 马力 =0.7354987 千瓦。

多个产品的开发，并已转入批产持续交付；无锡透平叶片参与了多个型号航空发动机、重型燃机和飞机型号关键部件的研制和生产；航亚科技在研和实现批产的发动机零部件产品，共涉及国内外多个发动机型号，叶片、整体叶盘、机匣和涡轮盘等产品；无锡派克新材料为中航发及商发提供配套产品近千项，涉及目前大部分预研、在研及批产航空发动机型号；隆达航材高温合金返回料项目已完成项目建设，填补了国内空白；江苏天鸟承担了“新舟”60、ARJ21、美国波音公司波音 757-200 系列、欧洲空客公司 A319/320/321 系列等飞机碳刹车预制件的研制任务，研发出系列碳纤维针刺预制件，成为国内飞机碳刹车预制件最大的制造商和供应商；中航雷华柯林斯（无锡）为中国商飞国产大飞机 C919 项目提供综合监视系统的生产组装和售后维修，为中俄宽体客机 CR929 项目进行模拟仿真数据加载系统的设计和开发，为航空工业集团哈飞公司 AC312E 直升机项目提供航空电子设备系统的技术支持与维护。镇江航天海鹰交付 C919 国产大型客机部段 7 架份；菲舍尔航空 2018 年 1 月成功交付中国商飞 ARJ21-700 飞机首批次内饰产品，成为国内首家具备完整生产制造国际民机内饰能力的企业；恒神公司成功交付航空工业一飞院自主研发的 20 米翼展超长航时太阳能无人机超轻机翼结构。

四、对外贸易与合作

透平叶片是国内第一家获得国际巨头航空发动机高温部件订单的企业，荣膺罗罗公司 2018 年度可信赖卓越交付奖，成为年度唯一一家也是亚太地区第一家获此殊荣的供应商；江苏永瀚融入了全球供应链，成为美国 GE 公司，意大利安萨尔多公司等主流厂商在华唯一重型燃机热部件精密铸件供应商；航亚科技已成为中国航发集团、法国赛峰集团、美国通用动力、英国罗罗等国内外主流发动机公司的叶片、机匣、涡轮盘等多种产品类别的二级供应商，2018 年在 GE 和赛峰联合供应商大会上荣获“最佳供应商”称号。

五、行业主要工作

江苏省围绕“十三五”深化产业结构调整、加快经济转型升级工作，高度重视民用航空装备制造产业的发展，把民用航空装备产业纳入战略性新兴产业，加强统筹谋划和发展推进。对本地区航空装备制造产业最新发展动向加强跟踪，开展民用航空装备产业发展专项调研，加强行业指导，出台了《关于促进和规范江苏省民用无人机制造业发展的意见》（苏工信装备〔2018〕74 号），围绕大力推进技术创新、积极拓展应用市场、加快培育领军企业、推进无人机产业集群发展、严格加强行业监管、建立健全产品标准与检测认证服务体系等方面的重点任务，强化无人机产业技术创新和市场培育，构建完善产业生态体系，推动无人机制造业快速健康有序发展，培育航空装备产业新动能。

此外，镇江市根据《江苏省政府关于加快培育 13 个先进制造业集群的指导意见》出台了《镇江市高端装备升级行动计划（2018—2020 年）》，聚焦航空航天装备等高端装备发展，将航空航天列为高端装备升级 7 大重点领域之一，绘制航空航天产业链全景图，梳理主要产品、关键技术、对标企业、重点企业等产业链关键环节，从整机带动实现全产业链发展、加强关键技术攻关、加强高端产品研制、全面拓展发展新空间等 4 个方面推动航空航天产业发展。

浙江省

一、本地区基本情况

自《民用航空工业中长期发展规划（2013—2020年）》发布以来，浙江省加强顶层设计，统筹布局，明确发展重点，推动民用航空产业有序健康发展。2017年制定印发了《浙江省人民政府办公厅关于加快通用航空业发展的实施意见》（浙政办发〔2017〕66号），明确了坚持市场主导、政府引导，创新驱动，军民融合、协调发展的指导思想，确定了培育通用航空市场、壮大通用航空产业的主要任务，并在加大要素保障力度、营造良好发展环境等方面提出了具体要求。

目前，浙江省拥有航空产业相关企业100余家，其中纳入中国民用航空工业统计企业20家，涉及特种飞行器、航空零部件、航空材料等领域。全省重点推进一类、二类通用机场项目17个，包括宁海通用机场、新昌通用机场、文成通用机场、诸暨祥跃通用机场等。在建和规划建设的航空特色小镇近20个，包括建德通航小镇、德清通航智造小镇、安吉通航小镇、新昌万丰航空小镇、台州无人机国际航空小镇、横店航空小镇等，全省民用航空产业呈现有序健康发展态势。

二、生产经营情况

2018年浙江省纳入中国民用航空工业统计的企业实现工业总产值13.05亿元，同比增长41.08%，实现销售收入13.11亿元，同比增长50.86%，实现利润1.17亿元，同比增长9.6倍；其中民用航空产品产值6.57亿元，同比增长24.90%，出口交货值5.67亿元，同比增长22.99%。

三、主要产品

（一）民用飞机

主要是多用途固定翼飞机、轻型直升机、无人机等。万丰航空成功收购世界通用飞机制造商三强之一的钻石飞机工业公司，迈入多用途固定翼飞机制造商行列，预计2019年年产400架轻型运动类通用飞机，产值达3000万元。泰翔航空已生产并成功试飞了国内首架轻型单人直升机。浙江科比特自主研发、全产业链生产的六旋翼垂直起降类无人机，依托碳纤维一体成型、氢电混动系统等多项国际领先技术，成功承接军方多项研发任务，连续斩获山东寿光智慧城市管理和中石化西北油田输油管道巡检近千万元订单，并启动樊邦奎院士专家任务站建设，重点围绕“工业无人机零碎智能化开发及产业化项目”共建创业平台。华奕无人直升机飞控平台及整机研发制造项目计划总投资约6亿元，项目一期（2018—2019年）投资1亿元，用地50亩，主要用于基础研发设施建设及核心研发团队建设，完成飞控系统产品研发并与国内大型无人机平台生产商开展合作，2019年9月底前建成投产。浙江博来航天科技公司研制生产空中大气污染源溯源及检测服务用无人机，浙江文信机电研制植保无人机。

（二）其他民用航空产品

（1）零部件生产加工：西子航空、日发航空、天扬机械、恒鹰动力、华擎公司、圣翔航空等企业，产业涉及航空发动机叶轮叶片、盘匣组件及飞机舱段、航空紧固件、飞机舱门、座椅、发动机环形件、A320起落架舱、A220起落架舱、单通道梁间肋、A220逃生门、腹鳍、CRJ服务门、ARJ零部件、直升机停机坪、航空机械配件、驾驶（滑动）舱门锁闭机构、整流罩锁闭机构等、折叠接头、周期变距杆手柄、牵引杆、布罩、旋翼布罩、波音737平尾结构件、空客A320舱门（蒙皮、门框、门梁）、飞机发动机零件、机箱壳体、民用航空发动机零部件等。

（2）航空新材料：恒鹰动力、歌瑞新材

料、巨化集团、久立特材等企业，产业领域涉及 C919 型板复合材料模具生产、芳纶纸蜂窝、微型深沟球轴承、球面轴承、推力轴承、滚珠轴承、金属和非金属软管等。同时，浙江福翔航空涉及高分子耐温材料、高分子模型材料、高分子定型材料，杭州富士达特种材料涉及高真空低温绝热材料，浙江三和塑料涉及合金热塑板、PS、ABS 载带片材，PS 导电母料等领域。

（3）生产、检测设备：日发航空的复合材料加工设备、飞机大部件数字化装配生产线、壁板类零件自动钻铆设备；XCL-27 滑油金属屑传感器、空软管金属连接件、复合材料加工中心、飞机数字装配生产线、液压千斤顶等。浙江鼎力机械涉及大型智能高空作业平台车、浙江畅尔智能装备涉及拉床、专用机床、生产线等领域。

（三）相关服务业

直升机销售 / 维修、航空租赁、航空旅游、航空摄影、飞行作业、紧急救援、航空会展、航空培训以及航空技术开发、技术咨询等。浙江美洲豹特种设备涉及航空器运载工具零件制造、研发、维修等领域。

四、产品开发与重大基础设施建设

浙江台州近年来着力打造无人机航空小镇，先后和航天科技十一院、北京航空航天大学等签署战略合作协议，成功引进中国航天空气动力技术研究院台州无人机（“彩虹”无人机）产业基地项目和北航长鹰通用航空产业园项目。其中，“彩虹”无人机产业基地项目，可形成年产大中型无人机 20 架、中小型无人机 1000 架的生产能力，年产值 21 亿元，一期已于 2016 年 7 月开工建设，截至 2018 年 6 月底“彩虹”无人机项目完成投资 1.1 亿元，大型无人机厂房具备设备安装条件，“彩虹”太阳能无人机开始试生产；北航长鹰通用航空产业园项目总投资 100 亿元，可形成各型号无人机 700 架的生产能力，年产值 20 亿元，“天鹰”无人机已完成生产和联调联试等试飞准备。西子航空智能制造科技园项目 2018 年 11 月正式开工，项目总投资 30 亿元，在大江东形成机体金属结构件和飞机内饰零部件完整的制造基地，并建设集 5A 级智能办公航空大厦、航空孵化、航空创业服务、航空展览中心及商务配套服务于一体的航空综合性科技园区。日发航空年加工 10000 件航空零部件建设项目，计划 2019 年机加工投产，2020 年复材厂房建设，重点研发生产蜂窝复材零件、铝合金、钛合金等航空零部件。

五、对外贸易与合作

在海外并购中，万丰航空已成功收购了加拿大钻石（全球第二大通用航空制造公司）、加拿大 DFC 航校、夏威夷航校、捷克 PEC 公司、意大利里昂那多直升机公司和加拿大美瑞丁（全球镁合金飞机零部件前列企业），迈入多用途固定翼飞机制造商行列。精工集团完成对美国第一飞机公司的股权收购，日发集团收购新西兰通用航空公司，浙江恒鹰动力科技股份有限公司已谈定并购美国 ACT 公司。

在国际合作中，舟山引入波音 737 飞机完工和交付中心项目，该项目是百年波音首个海外工厂，总投资 60 亿元，已于 2017 年 5 月动工建设，已进入工程建设收尾阶段，但受埃及航空空难事件影响，目前全球暂停运营和交付波音 737MAX 飞机，项目产能释放存在不确定性。

六、行业管理

一是着力抓规划政策落实。积极推动落实《民用航空工业中长期发展规划（2013—2020年）》和《浙江省人民政府办公厅关于加快通用航空业发展的实施意见》（浙政办发〔2017〕66号），发挥浙江“波音公司 + 中国商飞”的战略区位优势，坚持“全球合作、军民融合、政府引导、企业主体”的基本原则，推动浙江民营经济深度参与航空产业发展。

二是着力抓产业重点领域发展。重点推进活塞、涡轮发动机飞机整机制造，加快发展 2 座轻型运动飞机、4 ~ 8 座载人飞机、轻型运动飞机、教练机、小型公务机、民用直升机、多用途通用飞机、载人飞艇、新能源飞机以及军用和行业级大中型无人机等整机制造。重点研制大中型无人机、智能无人机和高端航模等系列产品，提高关键技术开发应用和关键部件、航空新材料的自主研发能力。发挥我省电子信息、新材料、时尚产业、智能制造等产业优势，加快发展航空电子、航空新材料、航空智能制造以及地面保障设备等领域，积极培育航空客改货、维修、拆解、再制造等业态，完善航空制造产业链；推广应用北斗导航、广播式自动监视等新技术。

三是着力抓集聚平台建设。推动浙江大学、杭州汽轮动力集团等面向“两机”重大专项战略和燃机产业发展需求，打造浙江省涡轮机械与推进系统研究院，聚焦航空发动机和燃气轮机高温热端部件（燃烧室、涡轮）的应用基础研究，打造两机创新平台。进一步加大要素支持，推动航空产业引擎项目向杭州湾经济区集聚，重点建设舟山航空产业园、杭州钱塘新区航空产业园、嘉兴航空产业基地三大核心平台。依托A类通用机场和运输机场，重点做强建德航空小镇等航空类省级特色小镇，培育德清、新昌等具备较好条件的航空特色产业区块。加快推进宁波市北航宁波创新研究院、北航宁波研究生院、慈溪航空学院、华擎航空发动机研究院和宁波国际通用航空职业技术学院等一批航空技术研发、攻关和人才培养机构建设和运营。

四是着力抓重大项目推进。重点推进落实舟山波音737飞机完工和交付中心、台州“彩虹”无人机、杭州钱塘新区西子航空智能制造科技园、新昌万丰航空轻型运动飞机和航空材料等一批重大项目。积极推进宁海通用航空产业园、宁波航天智慧科技城、深圳华越航空产业园、舟山航空产业园、杭州湾新区通用航空产业园等建设。建德千岛湖通用机场改扩建项目总投资约3亿元，扩建内容主要包括机场跑道由目前的800米延伸至1200米，新建停机坪20000米^2；新建机场航站楼、候机楼、办公楼、塔台等设施，建筑面积约10000米^2；同时建设50米宽、1.45千米长的机场与320国道连接大道。由省机场集团投资建设航空小镇通航产学研基地总投资2.62亿元，重点打造教学训练、观摩体验、住宿餐饮、飞行服务、行政办公等五个核心功能。

五是着力抓骨干企业培育。支持省内企业联合开展国际并购，培育万丰航空等通航制造运营一体化企业。积极支持西子集团、万丰集团、日发集团、精功集团、横店集团等一批制造业区域龙头企业和恒鹰公司、天扬机械等航空制造领军企业通过科技创新、合资并购、产业链延伸等方式做大做强。引进和培育一批航空适航资格培训、航空发动机关键零部件制造、航空销售维修、航空专业服务等领域的特色服务型企业。

安徽省

一、本地区基本情况

安徽省积极贯彻国家《民用航空工业中长期发展规划（2013—2020 年）》要求，主动参与国产大飞机、支线客机研制及产业化，努力突破新型航空材料、航空发动机关键部件、液压系统、燃油系统、雷达系统、航空电子等关键核心技术。鼓励相关骨干企业研制民用支线飞机、直升机、无人驾驶飞机等，实现中小型飞机整机制造技术的突破，不断发展先进卫星遥感、通信、导航等技术，建设大型飞机雷电、高强辐射场防护实验室及产品研发生产平台等试验机构。

安徽省不断开展通用飞机、无人机、通航发动机、机载设备、特种设备、航空 / 航天电缆、惯性导航系统和航空仪表等民用航空装备的研发和生产工作，并取得较好的社会和经济效益，已逐步形成整机生产、发动机生产、关键特种部件生产、飞机全生命周期修理、日常维护保障等完整的民用航空产业链。现有和在建的航空园区主要有：芜湖航空产业园、合肥航空产业园、六安通用航空产业园等。

主要企业有中电科芜湖钻石飞机公司、芜湖钻石航空发动机有限公司、应流集团、中国电子科技集团公司三十八研究所、合肥江航飞机装备有限公司、中科合肥微小型燃气轮机研究院有限责任公司、合肥赛为智能有限公司、安徽云翼航空技术有限公司、宁国市华成金研科技有限公司、芜湖航天特种电缆厂股份有限公司、合肥航太电物理技术有限公司等单位。

二、生产经营情况

2018 年全省民用航空工业实现主营业务收入约 33 亿元，同比增长 83%；实现利润 3.5 亿元，同比增长 75%。

三、主要产品

（一）民用飞机

DA42 双发四座轻型飞机、DV20 单发两座轻型飞机、多用途教练机、MPP 和 CU42 两款多用途飞机、UH-120 超轻型通用无人直升机、单旋翼植保无人机、多旋翼植保无人机、工业级固定翼无人机等。

（二）航空发动机

AEC2.0 航空发动机、AEC180 水平对置航空发动机、微小型燃气轮机等。

（三）其他民用航空产品

航空仪表、航空供氧系统、航空雷达、波纹管、航空结构件、航空电缆、航空钣金产品和航空复合材料等。

四、产品开发与技术进步

中电科钻石飞机畅销机型 DA42 实现交付 15 架，国产机型 CA42、CA20 首飞成功。芜湖钻石航空发动机完成首款拥有完全知识产权的航空活塞发动机点火。合肥赛为智能有限公司军民两用工业级无人机产业化，开发包括固定翼、多旋翼、无人直升机、系留无人机等工业级无人机产品，广泛应用于消防、森林、植保、应急、测绘、巡检等行业。芜湖万户航空航天科技有限公司建有大型无人机工厂，已实现批量化生产，填补国内高端无人机市场和应用方面的空缺。安徽天路无人机、灵翔无人机、阿尔发无人机开展小批量试生产。

安徽航瑞航空动力公司就“云雀”发动机各项指标在昆仑山口等地开展了外场带桨高原试验，专项测试结果良好，“云雀”作为国内首款完全自主研发的四冲程对置航空重油发动机，突破了我国航空活塞发动机的应用瓶颈。安徽应流集团“航空发动机和燃气轮机高温合金叶片”，是应流承担国家两机重点专项课题，完成长寿命、大尺寸航空发动机高温合金叶片科研生产任务，生产的燃气轮机定向单晶叶片已走向国际市场。安徽卓尔航空科技有限公司作为国内螺旋桨制造商领军企业，实现年产 5 万支各类航空螺旋桨生产能力。安徽英釜航空科技有限公司航空模拟器项目一期建成，基本形成年产航空模拟器 100 台的生产能力。

中科合肥微小型燃气轮机研究院有限责任公司目前主要开展适用于军 / 民用直升机和军用电源的 0.1MW 燃气轮机、适用于坦克 / 舰船的 1MW 燃气轮机以及适用于分布式供能的 4MW 燃气轮机研发与产业化，产品性能居国际先进水平，填补国内空白，并将功率范围迅速拓展至 0.1 ~ 10MW。将加快建设燃气轮机产业园、分布式供能试验中心和通用航空燃气轮机动力飞行试验中心。合肥江航飞机装备有限公司开展了包括空勤人员供氧系统、旅客供氧系统、便携式供氧装备等民机产品的研制工作，供氧系统产品已交付，AC313 直升机配套供氧系统、ARJ21 配套产品已完成全部研制和交付任务。

五、重大基础设施建设

（一）芜湖航空产业园

芜湖航空产业园重点发展通用航空、临空经济、空港物流三大板块，全力推进园区品牌提升、项目建设、招商引智、企业服务及基础设施建设等，初步实现了芜湖通航产业集聚发展。2018 年实现产值 125.2 亿元，同比增长 10.2%；完成税收 2.1 亿元，同比增长 15%；重点推进续建、开工项目 34 个，完成固定资产投资 46.5 亿元，同比增长 19.3%。

（二）合肥航空产业园

合肥航空产业园致力于推动通航产业发展，建立完整的通用航空产业链，夯实综合保障体系，着力发展公益类运营、生产类作业、消费类运营 3 大通用航空市场运营业，培育壮大无人机、小型固定翼飞机整机、通用飞机关键零部件 3 大通用航空研发制造业，拓展提升航空金融、会展交易、航空文化 3 大通用航空延伸服务业。

（三）六安通用航空产业园

六安通用航空产业园由安徽应流集团全资子公司安徽应流航空科技有限公司投资兴建，总投资约 91 亿元，占地面积约为 5380 亩。已成功开发产品包括：航空、航天发动机单晶、定向、等轴晶及细晶涡轮叶片、导向叶片、结构件，燃气轮机涡轮叶片、导向叶片、结构件，航空大型结构件、飞机发动机机匣。与多个主机厂建立业务合作关系，产品涉及等轴晶、单晶涡轮叶片，研制生产重型燃气轮机叶片等。

六、行业管理主要工作

（一）大力推动无人机产业发展

安徽省制定了《安徽省农业机械管理局　安徽省财政厅　中国民用航空安徽安全监督管理局关于开展农机购置补贴引导植保无人飞机规范应用试点工作的通知》（皖农机计财〔2017〕180 号）开展植保无人机补贴试点，支持载药量 10L 及以上的电动多旋翼植保无人飞机发展。

（二）不断提高整机研发能力

组织省内企业大力引进高层次航空技术团队，构建全省航空业研发创新体系，重点突破民用飞机整机系统设计、制造、测试、集成开发等关键技术，开发系列化通用飞机产品，形成固定翼飞机、教练机、直升机、小型公务机、军民两用无人机、滑翔机等通用飞机整机制造能力。

（三）大力完善产业配套链条

重点突破通用飞机用活塞式航空发动机和中小型涡桨、涡轴、涡扇发动机研发制造。大力发展关键航空机载设备、航空部件研发制造和集成供应等相关产业。推进高性能复合材料、高温合金材料以及高端轻质高强度金属材料等先进航空航天用材料的研发和产业化。

（四）不断推进产业集聚发展

加快建设合肥、芜湖、六安等航空制造产业集群发展，积极支持芜湖航空产业园创建省战略性新兴产业集聚发展基地，以项目为牵引，重点扶持一批通用航空整机及关键零部件制造企业，推动土地、资本、人才、技术、信息等要素向产业园区集聚发展。

福建省

一、本地区基本情况

福建省民用航空工业目前主要以民用航空维修、零部件加工制造、水陆两用飞机和无人机制造为主，集中在厦门航空工业区、福清多功能航空产业园和泉州出口加工区。其中，以厦门太古飞机工程有限公司为龙头，在厦门航空工业区内已聚集了厦门太古发动机服务有限公司、厦门霍尼韦尔太古宇航有限公司、厦门豪富太古宇航有限公司、厦门汉胜秦岭宇航有限公司、通用电气发动机现场支援（厦门）有限公司、美捷特（厦门）传感器件有限公司、厦门太古起落架维修服务有限公司、厦门新科宇航科技有限公司等国际航空集团（公司），形成了全国最大的民航飞机维修基地，具备了飞机结构维修、老龄客机改货机、发动机维修、起落架维修、辅助动力系统、航电系统的维修能力，并且能为飞机发动机和零部件提供全方位的支援服务。

二、生产经营情况

截至 2018 年底，列入福建省统计局统计的航空航天器修理企业 9 家，拥有总资产 73.08 亿元，增长 10.05%。2018 年销售产值累计增长 12.2%，出口交货值累计增长 13.4%，实现主营业务收入 156.49 亿元，比 2017 年度增长 8.5%，利润总额 10.05 亿元，增长 29%。

三、主要产品

（一）航空维修服务和改装

主要对飞机结构、发动机、起落架、辅助动力系统、航电系统的维修。大修及改装能力涵盖波音 737/747/757/767/777，空客 A320 系列 /A330/340 及麦道 MD-11 机型。拥有最高级别（D 检）的大型检修 / 飞机结构改装 / 客舱内部翻新及改装 / 航电系统升级 / 脱漆及喷漆 / 客机改货机能力等。

（二）航空零部件制造

福建野马飞机制造有限公司 610 轻型运动飞机生产技术包括钣金件加工及成型、机加件加工、复材零件制造、机身框架焊接等飞机零部件制造。

（三）民用飞机

福建野马飞机制造有限公司：“野马”600 和“野马”610 轻型运动飞机。

（四）无人机制造

福建方圆翔飞航天科技“方圆”六旋翼、固定翼环保、警用、森林防火、防汛、国土监察等系列无人机，厦门航发“HF”系列无人机，厦门致睿智控“致睿”六旋翼系列无人机等。

（五）支援服务

为飞机发动机和零部件提供全方位的支援服务。

（六）维修技术培训

为全球新机型飞机维修提供技术培训服务。

四、产品开发与技术进步

（一）整机维修和改装

厦门太古飞机工程有限公司是中国第一家为 A380 飞机提供航线维修服务的维修机构；建立了亚洲首个获得波音和空客批准的公务机及私人飞机客舱整装中心，除波音外全球首家波音 747-400 客改货项目的飞机维修机构。

（二）水陆两用飞机制造

福建通航航空产业有限公司旗下福建野马飞机制造有限公司生产拥有“野马”600、“野马”610 两款轻型运动飞机的知识产权，正积极推进 4 座“野马”空中巡洋舰飞机研发、“野马”610 水陆两用型飞机改型设计等工作，拓展国内外 2 ～ 6 座通用飞机的市场。

（三）航空发动机制造

厦门林巴贺航空发动机股份有限公司是国内目前唯一一家具有核心自主知识产权的航空活塞发动机制造商。

五、行业管理主要工作

一是指导产业发展规划。福建省为加快构建通用航空基础设施网络，大力培育通用航空市场，积极推动通用航空产业发展，提升通用航空服务保障能力，发布了《福建省人民政府办公厅关于印发促进通用航空业发展实施方案的通知》（闽政办〔2017〕54 号），全面推进福建省通用航空产业发展。

二是加大政策支持力度。依托福建省既有服务业引导资金、科技成果转换资金、创投基金等，支持通航企业从事通用飞机研发制造、通航服务开拓和人才培训。支持符合条件的通航企业上市融资或发行债券，吸纳民间资金、创业投资基金参与通用航空产业投资发展。

三是加快引导新产品开发。依托省电子信息产业和先进制造产业优势，积极引导发展通用航空通信、导航、监视、机载设备、ADS-B、机场特种装备等产品的研发与制造。

四是加强新通航项目引进。支持企业和社会资本通过自主研发、对外合作、整体收购、合资合营等方式，进入通用航空研发、设计、制造、组装和维修等领域，积极引进国内外通航研发制造企业到福建省投资兴业，加快培育发展一批多用途固定翼通用飞机、水陆两栖飞机、民用直升机、轻型航空器、无人飞机等通用航空器的整机或零部件研发、制造和维修企业。

江西省

一、本地区基本情况

江西是航空资源大省，航空产业发展历史悠久，早在 1935 年就设立了中意南昌飞机制造厂。中华人民共和国成立后，国家“一五”计划就重点布局了南昌飞机制造公司。经过新中国 60 多年的发展，江西拥有航空企事业单位 90 家，其中，航空制造整机及配套单位 64 家，航空运营及服务单位 21 家，航空科研及教育单位 5 家，拥有 2 个飞机设计研究所，3 所航空类大学和职业学院，2 个国家级企业技术中心，12 个省部级国家重点实验室和工程中心，3 个航空专业博士后科研工作站、70 个硕士点。全省航空工业系统有职工 3 万余人，专业技术人员 9000 余人，先后诞生了 2 位院士。全省主要有南昌航空城和景德镇直升机研发基地两个工业园区，按照“一枢纽、四中心、五基地”的思路规划建设 25 千米^{2}的南昌航空城已初具规模；以景德镇市高新技术开发区为主体，以打造吕蒙航空小镇为载体规划用地 10 千米^{2}的景德镇直升机研发基地日臻完善，产业承载空间巨大。

二、生产经营情况

江西省民用航空企业主要业务包括飞机研发制造、航空转包业务和通航服务。2018 年，洪都公司在成功研制 C919 前机身和中后机身经验基础上，拓展国际转包，成为波音、中国商飞等主要航空企业的机身段一级供应商；通过 CR929 宽体客机项目开展国内外合作，进一步提升了公司的复材研发制造能力。2018 年，洪都公司按中国商飞要求，完成了 3 架份 C919 飞机的产品交付，在国际航空转包项目上实现生产交付总金额约 125 万美元。2018 年，昌飞公司全年完成 3 架 AC311A 系列直升机以及 2 架 AC313 直升机的交付工作，部件转包 15 架份、波音零件 15641 件。北京通用航空江西直升机有限公司主要开展直升机及其他航空器、航空零部件的研发、制造、销售、维修及通航业务等。

2018 年江西省民用航空产业实现营业总收入 8.9 亿元，利润总额 0.8 亿元。

三、主要产品

民用飞机方面：昌飞公司拥有 1 吨、2 吨、3 吨、6 吨、13 吨等多种民用直升机型号，已形成自主创新和国际合作齐头并进的产业模式。北通航拥有 500 千克级、1 吨级无人和 500 千克级有人直升机多种型号。另外，JH-1 无人直升机已通过鉴定试飞，JH-2 甚轻型有人农林植保机项目进入适航取证阶段。洪都军转民的初教 6 飞机已经获得适航许可证。

民用航空产品方面：洪都公司参与 C919 前机身及中后机身段产品研制、参与 CR929 宽体客机项目，昌飞公司参与 C919 型机部件制造。洪都与美国胜利集团沃特公司合作波音公司波音 747-8 飞机的 48 段隔框装配产品。昌飞公司承担波音 767/787 零件转包生产。昌兴公司经营范围也涉及航空复合材料模具、复合材料零部件、航空型架、航空设备与金属零部件的设计制造，技术进出口业务等。

相关产业的产品及服务：江西省积极开展国产民机试飞服务保障，以瑶湖机场和洪都公司为主要承载体，参与国产民机试飞服务。2018 年 8 月，洪都公司与中国商飞签署了《溅水试验技术方案协议》，成为 C919 飞机瑶湖机场试飞的首个协议。2018 年 10 月，C919 飞机转场瑶湖机场试飞，完成了国产民机的瑶湖机场首飞。

四、产品开发与技术进步

新产品开发情况：洪都公司积极开发新的市场项目，参与了 CR929 宽体客机的后机身部分项目的投标工作。昌飞公司完成了多种型号飞机的加改装研发，AC311型机获得了民航华东地区管理局颁发的加装医疗救援设备零部件制造人批准书，公司已具备该项目的加改装设计和批量生产交付能力。AC313型机完成了空速校正验证、水箱水炮调整试飞；完成了电动绞车机上改装、公务内饰总体方案设计和加改装。AC311A型机加装农林喷洒设备已获得总体技术方案批复，并完成了自产零件的配套及主要成品件的采购，待取证试飞。同时重型机完成了铝基复合材料动环、桨毂中央件工艺研究及其试验件交付，完成碳纤维大梁桨叶原理件制造。

承担及开展的民用航空科研项目情况：昌兴公司承担了数控和柔性制造系统加工产品、制造新工艺的研究开发，研究开发了一批省级重点新产品。2018年共申请3个省级新产品项目，并得到用户高度认可。截至2018年公司拥有1项发明专利，17项实用新型专利。

重大技术进步情况：洪都公司在工艺方面实现了传统工艺向数字化工艺转变，成为C919项目首个应用自动定位、钻铆技术和3D打印技术的供应商。昌兴公司AC313完成了8项军民共用试验适航检查工作。AC311型机获得了民航华东地区管理局颁发的加装医疗救援设备零部件制造人批准书，公司已具备该项目的加改装设计和批量生产交付能力。AC311A型机完成了重量重心平原包线拓展VNE风险科目试飞（12个试飞科目），完成了高原高度、速度包线拓展试飞（35个试飞科目），进一步拓展了该型机的高原使用性能。

五、对外贸易与合作

对外贸易情况：昌飞公司，2018年交付16架份S-92尾斜梁，交付波音737机加项目2981件，交付波音767项目5180件，完成了3架S-76D交付后停产。波音787方向舵项目完成了设备和厂房审核以及PPV和FPQ鉴定。国际合作与转包项目累计实现产值417万美元和309.84万元人民币。洪都公司，2018年成为波音、空客、中国商飞等主要航空企业的机身段一级供应商，国际航空转包项目上实现生产交付总金额约125万美元。

对外合作情况：昌兴公司与意大利K4A公司合作组建江西德利直升机有限公司。主要业务范围为：飞机零部件设计、制造销售及直升机总装及销售，技术进口业务及进出口贸易。现已完成KA-2HT机型制造项目政府备案，正在进行整机取证工作。北京通用航空江西直升机有限公司与乌克兰DB公司计划成立合资公司，计划投资1.5亿元，引进乌克兰AK1-3直升机，建设相应生产线，实现制造、销售、维修等一体化业务，目前该项目正在筹建当中。

六、重大基础设施建设

2018年江西民用航空工业以南昌航空城和景德镇直升机研发基地为主要承载体，加大基础设施建设力度。在南昌航空城，占地约4000亩，参照军用3级永备机场标准，总投资约16.52亿元建设的瑶湖机场于2018年5月完成校飞并投入使用。航空城区北区全面完工并投产，南区已基本完工，洪都公司2019年8月底前完成整体搬迁。景德镇直升机研发基地完成以吕蒙总装园一期工程为重点的一批基础设施建设项目。另外，昌兴公司投入2.86亿元建设占地142亩的新厂区，现已完成数控加工车间一、复合材料厂房、综合仓库、办公大楼的建设工作。新建厂房16万米^2，建成有直升机旋翼系统智能制造生产线，全智能物流配送中心及直升机维修中心，启动吕蒙工程大楼、通航运营基地等二期工程建设，现已形成整机产能150架。北京通用航空江西直升机有限公司启动了喷漆厂房、综合加工厂房、浮梁机场项目建设，喷漆、综合加工厂房已竣工，浮梁机场项目处于前期立项审批当中。

七、行业管理

一是建立健全机制。江西省成立了以吴晓军副省长为组长的江西省航空产业发展推进领导小组办公室，协调推进航空产业振兴发展。二是出台有关政策。制定下发了《2018年度航空产业工作要点》《关于加强全省航空产业人才队伍建设的若干措施》等，推出系列优惠政策，推动航空产业快速高质量发展。三是形成推动合力。省委省政府高度重视航空产业，将其作为江西省“2+6+N”产业高质量跨越式发展的有力抓手，高位推动、省市共谋、政企互动，形成合力促进航空产业发展。

山东省

一、本地区基本情况

截至2018年底，全省列入统计范围的重点民用航空生产及维修企业有6家，分别是威海广泰空港设备股份有限公司、山东太古飞机工程有限公司、山东翔宇航空技术服务有限责任公司、山东滨奥飞机制造有限公司、东方蓝天钛金科技有限公司、山东艾诺仪器有限公司。列入统计范围单位从业人员3307人，其中，工程技术人员969人，研究与试验发展人员676人。

二、生产经营情况

2018年，全省民用航空工业列入统计范围的单位完成工业总产值18.59亿元，其中，完成新产品7044万元，民用飞机产品436万元，民用飞机机载系统和设备零部件352万元，其他民用航空产品及零部件10.24亿元，民用飞机修理5.28亿元，民用飞机机载系统和设备1.13亿元。实现主营业务收入18.63亿元、利润2.13亿元、税收1582万元，转包交付金额122万元。

三、主要产品

DA40D型通用飞机，无人飞行器，航空铸锻件、航空铝型材，涡轮增压器、航空液压件、钛金紧固件、各类合金铆钉，飞机轮胎、碳飞机刹车盘，各型空港地面设备、航空地面电源，以及民用飞机及航空器维修服务。

四、产品开发及技术进步

省内民用生产、维修航空企业结合市场发展方向，加大新产品研发力度，不断挖掘潜在市场需求，积极承接国内外飞机零部件生产任务。有关民用航空企业充分发挥自身技术优势，加大技术研发投入，在轻型航空发动机、空港地面设备、民用航空维修方面形成多项专利。山东太古飞机工程有限公司完成了ERJ-190机型2C差异项目、G550机型2000FH/50FC/48M/600APU级别定检等申请工作；取得NADCAP认证，为PMA进入国际市场奠定了基础；新增MDA1项，完成对波音737NG飞机客改货CAAC改装能力批准，共获得授权专利12项，其中发明专利授权3项。威海广泰空港设备股份有限公司前瞻储备的智能化新技术及电动产品在2018年进入批量销售阶段；2018年7月份成功主办国内行业层面的“空港地面设备电动化技术研讨会”，推动了国家“蓝天保卫战”机场设备电动化进程。

五、对外贸易与合作

山东省民用航空工业技术储备相对薄弱，企业重视对国外航空制造技术的引进吸收，多家企业与德国、法国、奥地利等国航空生产企业、科研机构合作，引进制造技术和管理机制，提高航空装备制造能力水平，并积极参与国际市场竞争。如山东太古飞机工程有限公司国际市场进一步开拓，退租检维修业务再创新高，全年完成8架飞机退租交付，新取证机型和新客户稳步增长，实现俄罗斯、泰国、缅甸客户业务稳定送修，新增尼泊尔客户、波音、韩国Airphone、SNA和Jeju客户进场，东南亚市场通道全面打开。

六、重大基础设施建设

近年来，山东民用航空产业园区发展较快，依据各市现有基础和发展潜力，以重点优势项目为切入点，坚持集聚发展和多点突破相结合，积极推进临空经济示范区、通用航空特色小镇、通用航空产业园、空港产业园等建设，支持以中小航空发动机、燃气轮机、通用航空整机、无人机和运营服务为特色，建设特色航空产业园区，打造国内一流的航空产业示范园。吸引航空航天先进项目，集聚高端人才，给予重点支持，促进我省航空航天产业形成竞争优势。

七、行业管理

（一）深入开展行业调查研究

借助民用航空工业统计数据收集、民用航空工业年鉴编写的机会，广泛与省内有关市地、民用航空生产企业对接，了解省内民用航空工业发展情况。在全省范围内，开展民用航空调研活动，实地调研多个民用航空企事业单位。通过调研，进一步摸清行业现状，发现发展亮点，理清发展思路。

（二）对接高校科研院所

积极联系北京航空航天大学、中国航空研究院等高校科研院所，与之建立长期战略合作关系，深度对接我省民用航空领域重大技术需求、短板装备研发、创新技术攻关、人才培育等问题，推进企业与高校院所建设技术创新联盟、技术转移中心或中试孵化机构，提高产业创新能力。

（三）组建航空航天装备专家智库

邀请省内外民用航空领域知名高校、科研院所、重点企业中具有教授或高级工程师及以上职称在职专家及身体条件允许的退休资深学者或专家，组建民用航空专家智库。以产业、重点企业发展需求为导向，开展面对面直通服务，加速科技成果产业化进程，为全省民用航空工业规模化发展、培育新动能献计献策。

（四）发挥行业协会桥梁纽带作用

山东省高端装备产业协会和山东省航空航天学会负责全程参与推进民用航空行业发展工作，向行业企业宣传通报政府重大产业政策，积极联络重点企业，汇总建设清单、项目库，整理企业发展诉求，联络协调高校、科研院所、技工学校和金融机构，组织精准对接会等，充分发挥桥梁纽带作用。

河南省

一、本地区基本情况

河南省对民用航空产业发展高度重视，结合河南省的地域优势，已建成了安阳市通航产业园、郑州国家通用航空试验区、西华县无人机产业园三大通用航空产业基地。截至 2018 年底，郑州国家通用航空产业综合示范区服务业法人企业 90 家，其中线上服务业企业 16 家，线下服务业企业 74 家；已入驻通航制造类、运营类、维修类企业 51 家，机队规模达 70 架。安阳市无人机产业园入驻无人机整机及配件生产企业 11 家，其中规模以上工业企业 1 家，规模以下工业企业 10 家。西华县无人机产业园入住无人机生产企业 10 家，现有员工 280 多人，近年来，园区企业获得各项专利技术 96 个，被评定为河南省工业公共技术研发设计中心。

二、生产经营情况

郑州国家通用航空产业综合示范区服务业营业收入完成 15.13 亿元，同比增长 17.59%，工业总产值同比增长 6.1%，实现税收 1.37 亿元，同比增长 10.48%。安阳市无人机产业园 2018 年实现销售收入 1.6 亿元，同比增长 38%。

三、主要产品

安阳市从 20 世纪 90 年代初开始，就开展了民用航空器驾驶员飞行培训，目前具有固定翼私照、直升机私照、商照培训资质，已先后为国内外培养飞行员 2000 余人。为快速、高效培养航空专业人才，安阳工学院的本科飞行技术专业已被教育部和中国民航局正式批准设立，2012 年实现首批招生，成为河南省第 1 家、全国第 10 家具备飞行员学历教育资质的院校。学生毕业后将在取得本科学历、学士学位的基础上，取得飞行员商照。河南永翔通用航空有限责任公司积极开展农林作业、航空培训、应急救援、航空运动等运营业务。2018 年已累计飞行 2218 小时，农林作业 330 万亩，培训并安排就业飞行员 9 名。上海金汇通用航空股份有限公司入驻试验区，已开始开展直升机轮修、机长飞行培训；河南元捷国际飞行学院已于 10 月 29 日获得 91 部运行资质，可以正式开展飞行员培训工作；金都通航上街航校已开始进行飞行员培训，首批学员 20 余人。除了教育培训，还涉及飞行器与发动机研制、冶金、化工、先进材料、电子、信息、精密加工等技术和产业。

四、产品开发与技术进步

郑州市啸鹰航空有限公司获得 91 部通航经营、运行两个许可证，可开展飞行体验、私照培训、航空展览等业务。郑州海王实业有限公司的海王地效翼船 HW–1 号、2 号已在丹江水库完成淡水试飞实验；海水试飞实验已于 2018 年 11 月底在天津环渤海海域试飞成功。河南三和航空工业有限公司“太阳之鹰”自转旋翼机取得了型号合格证、生产许可证，2018 年已销售 12 架，近期新签订 100 架的订单，三年内完成交付；新产品 S50“小旋风”开创了大载荷植保无人机新时代。S100“大旋风”载货无人机即将定型，定型后将与阿里巴巴菜鸟物流进行合作，目前正在洽谈。

河南美鹰航空科技有限公司设计生产的全省民间自主生产的首架飞机“安阳一号”试飞成功，安阳飞机整机制造实现历史性突破；无人机方面建成了“两基地三中心”（无人机生产制造基地，人才培育教育培训基地，产业发展中心，无人机飞行中心，检验检测中心），产业集聚初步显现，形成了无人机整机、发动机、飞控、零部件加工、专用药剂研发生产以及飞手培训、飞防服务、检验检测、试飞等产业链完备的无人机产业发展集群。

五、重大基础设施建设

郑州市上街区机场改造三期飞行区平整工程按期竣工，导航台消防通道已完成路基建设和路面建设；2号机库基础施工已完成，正在搭建钢构；机场综合服务中心主体已完工，正在进行二次结构施工。机场正在申报换发A1机场使用许可证，即将获得批复；设立油库事宜正在与供油公司洽谈；机场C类目视飞行程序已获民航中南地区管理局批复，导航台通过验收，正在协调校飞，上街机场成为全国首例配备导航台的通航机场，可保障中型客货运及以下飞机的顺利起降，机场的保障能力进一步提升。

安阳市拥有诸多发展航空产业的优势条件，是国家批准的“通用航空示范城市”。安阳拥有国家批准的4420千米^2、3000米以下的低空开放空域，适合各类飞行器常年飞行，是发展通用航空得天独厚的优势。目前，占地7千米^{2}的安阳市通航产业园和占地110亩的安阳市北关区无人机产业园两大航空产业基地正顺利推进。截至目前，安阳市民用航空工业正在开展多个相关项目：其中安阳市（示范区）建设了通航制造中心和通航产业研发孵化中心，河南美鹰科技项目、河南金宇航空科技有限公司、贯辰军融航空科技项目和猎鹰消防科技项目正陆续投产。建成面积107亩，总建筑面积6万米^{2}的西华县无人机产业园，内设有孵化园，面积1500米^2。

六、对外贸易与合作

2018年郑州市上街通航区内航展的参展企业、机构涉及34个国家、3个地区；参展观众30万人次，25架特技飞机进行飞行表演；233架各类航空器参展，其中包括波音737公务机、“新舟”60等18架大、中、小型公务机；216家参展企业中有80余家业内知名企业，如贝尔直升机、美国赛斯纳、空客欧直、中信海直等；中央电视台等290多家媒体、4900多名记者进行报道或现场直播。

湖北省

一、本地区基本情况

2018 年底，湖北省民用航空工业企事业单位共计 34 家，涵盖特种飞行器、通用飞机、无人机、航空仪表、飞机座椅、复合材料、飞机维修等领域，其中，主机（含干线飞机、支线飞机、通用飞机）10 家，配套 12 家，维修 5 家，无人机 7 家。目前形成产能的航空工业企业有 27 家，规模以上 7 家。特种飞行器、航空救生装备产品研发制造和总体航空维修能力在全国领先。2018 年，湖北省民用航空工业企事业单位实现工业总产值约 117 亿元。

二、主要产品

（一）民用飞机

A2C 系列超轻型水上飞机、AG50 轻型运动飞机、LF910 地效飞机、卓尔“领航者”SL 600 单发双座飞机、“海王”水陆两栖轻型运动飞机、系留气球、超视距飞艇，多旋翼、固定翼、直升机等系列无人机。

（二）航空设备及系统

高功率启动发电系统、航空电动机系列、发电机及发电机组系列、以涡轮膨胀机与换热器为核心的环控系统系列、直升机加油及抛放装置、电动遥控无杆飞机牵引车、新型塔台综合管理台、机载设备、辅助设备、无人机通信指挥车、无人机地面站、无人机地面防空车等。

（三）民用飞机零部件制造

起落架零件、舱门零件、干燥器组件、压力平衡阀、卡箍标准件的研制，发动机支架组成、飞行员及乘客座椅组成、飞控系统、机身结构件及钣金件等，C919 防冰伸缩管、C919 风门组件机载产品，包括攻角传感器、轮胎压力表、结冰探测器、压力信号器、温度传感器、结冰告警装置、结冰探头、压力传感器、微型气压表、滑油温度传感器、结冰速率解答器、角位移传感器等，系列拉杆、制冷冲压风门、应急冲压风门等，用新型材料芳纶蜂窝制造的整流罩、机翼前缘、襟翼、方向舵、尾锥、地板、座椅等。

（四）其他民用航空产品

个体防护救生装备，应急救生装置，弹射动力装置，降落伞，航空运动产品，腐蚀防护产品，航空装饰件，精密测绘仪器，FR 系列机场地面栓式加油设备，包括成套的地井、地井阀、软管接头和飞机压力加油接嘴等系列产品。

（五）航空维修及服务

波音、空客等现役民用飞机机型及其部件（不含发动机）的维修和服务，如 MA60、EMB145、波音 737NG、A320 等型飞机机体维修及整机喷漆业务，机载设备维修，波音 737NG/CL、波音 757/777、A320 系列、A330 等机型提供场内一站式大修服务。航空液压和电子电器产品如助力器、PRESENT TITLE 舵机、电液伺服阀、涡轮冷却器、散热器、水分离器和各种开关、阀门的维修和零备件生产保障。液压、气动、燃油、飞行操纵、机载应急设备、起落架、机轮 / 刹车、仪表、发电机、电气和发动机等附件维修，范围涉及波音系列、空客系列、CRJ、ERJ、俄制飞机等多个机型的各类附件，电子电气设备、厨房设备、救生附件和座舱附件的修理。

（六）相关产业的产品及服务

培训服务种类齐全，包括铝合金结构修理、机身门窗修理、防腐处理、复合材料修理、喷漆等航空部件修理培训，无人机飞行及培训服务。荆楚理工学院组建了通用航空学院，开设了飞行器制造工程、航空电子电气技术等 6 大专业，招收学生 300 余人。

三、产品开发与技术进步

中国特种飞行器研究所的 AG600 大型灭

火 / 水上救援水陆两栖飞机于 2018 年 10 月实现水上首飞，自主研发的 AG50 轻型运动飞机、LF910 地效飞机样机在 2018 年珠海航展亮相，AG50 获得 50 架订单，SZ300 载人观光系留气球投入量产。中国特种飞行器研究所建立了轻型运动飞机研制技术国家地方联合工程研究中心。晨龙天使飞机生产线已经全部完成，并于 2018 年 12 月开始小批量生产。泊鹭通航产业有限公司完成 5 架“海王”水陆两栖轻型运动飞机复装。武汉卓尔航空产业集团武汉基地 SL600 飞机批量下线，公司独立研发的工业无人机即将实现量产。

贝迪克凌云（宜昌）飞机维修工程公司空客 4C、波音 8C、FAA 和喷漆能力建设目标全部完成，先后获得中国民航局（CAAC）颁发的空客 4C、波音 8C、喷漆和美国联邦航空管理局（FAA）颁发的波音 737NG 维修许可证。公司航电车间修理能力、无损检测 NDT 探伤能力、复合材料修理能力等配套能力建设先后完成。

武汉航达公司研制、开发的系列拉杆、制冷冲压风门、应急冲压风门等部件已为 C919 配套，已正式立项为未来宽体大飞机（CR929）进行电环控系统大功率发电机（250kW）和水废水系统等项目的预研工作。开发了螺旋桨、发动机、发电机、作动器等关键部件的大修能力，其中飞机螺旋桨能力已取得 MT-propeller 授权。武汉航达目前已取得各类专利项目 28 项，其中飞机主燃油泵测试系统、转液压阻尼器性能测试平台、直升机电动绞车恒载荷控制性能试验平台、可换丝杠的气动加载滚珠丝杠副动态效率试验台和传动轴旋转扭矩加载测试平台均代表国内领先水平。

湖北超卓公司自筹资金成立“金属增材再制造中心”，现已掌握超声速火焰喷涂、冷气体动力喷涂、等离子喷涂、电弧喷涂等全系列金属增材再制造技术，正在积极推进飞机结构件维修中心扩建和航空发动机涡轮转子表面热障涂层再制造两大技改项目。

四、对外贸易与合作

贝迪克凌云（宜昌）飞机维修工程公司（英文名称 BELINCO）由凌云科技集团与以色列宇航工业公司（IAI）下属的贝迪克航空集团合资组建，是国内新兴的中以合资民航维修企业。2018 年来，公司维修业务拓展到海南航空、奥凯航空、天津航空、澜湄航空等 10 余家航空运营公司。武汉航达积极开展与国际知名 OEM 厂家合作，分别与美国联合技术公司、霍尼韦尔公司、美捷特集团、赛峰集团、利勃海尔公司、尤尼森公司、帕克公司、伊顿公司、波音等 OEM 厂商建立了备件供应与技术支持以及授权维修等全方位的合作关系。荆州市江汉众力实业有限公司与美国赛斯纳飞机制造公司（德事隆航空）开展长期合作。

五、重大基础设施建设

（1）航宇救生工业园项目。该项目位于襄阳航空航天产业园内，主要业务包括防护救生与空降空投产品研发制造、民机座椅研发制造等，规划占地 1222 亩，建筑面积约 25.73 万米^2，新建 4 个研发中心、1 个工艺中心、4 个制造基地、21 条大型生产线，总投资 20 亿元。

（2）凌云航空科技园项目。计划总投资 14 亿元，占地约 210 亩，建设以航空维修、高端制造为主的产业园区，目前已经与星网光测等企业达成合作意向。

（3）中国特种飞行器研发中心建设项目。中国特种飞行器研发中心建设项目总投资额约 11.1 亿元，占地约 60 亩。该项目建成后主要从事军民用水面飞行器和浮空飞行器的研发。

（4）荆门爱飞客镇项目。累计投入 30 亿元，完善基础建设。全面升级漳河机场，完成 1800 米新跑道建设和 800 米旧跑道改造，是全国唯一拥有水路 3 条跑道的通用机场，取得 A1 级通用机场许可证，保障了 AG600 飞机试飞、取证工作的顺利开展。特种飞行器研究所、晨龙天使飞机等 14 家企业落户荆门航空产业园，成功举办 2018 年跳伞冠军赛等系列航空活动赛事。

（5）三峡临空经济区建设项目。中以合资的贝迪克凌云（宜昌）飞机维修工程公司等企业已建成营运，贝迪克凌云公司一期工程已建成 2#-1 整机维修厂房、停机坪、附楼，占地面积 25000 米^2，具备 4 机位生产线，能实现年交付各类飞机定检逾 60 架次；1#-2 喷涂内饰厂房占地面积 9600 米^2，配置有恒温恒湿、排气、废水处理设施，可同时容纳 2 架飞机喷涂作业。

（6）武汉卓尔通用航空产业项目。卓尔公司武汉基地制造的 Skyleader 600（“领航者”SL600）飞机已经批量生产，并与新航航空科技（上海）有限公司签订了首批 100 架卓尔 SL600 飞机购买协议。

六、行业管理主要工作

（1）完善政策支持。2018 年 11 月，中共湖北省委出台文件《中共湖北省委　湖北省人民政府关于推进全省十大重点产业高质量发展的意见》，将航空航天产业作为十大重点产业之一，要求聚焦发力，实现高质量发展。湖北省委军民融合办牵头起草《湖北航空航天产业发展规划（2019—2022 年）》，并于 2018 年做好了前期调研等准备工作。

（2）推进项目建设。协调推进顺丰机场、荆门爱飞客、汉南通航产业园等重大项目建设，推进国家民用飞机科研专项组织实施。

（3）促进行业互动。组织省内主机与配套、军机与民机企业开展项目合作，组织省内部分企业与航空工业一飞院配套对接。

（4）开展系列调研。每半年对全省航空工业运行情况进行统计，及时掌握企业有关情况，为企业提供服务。联合湖北日报组织航空工业高质量发展专题系列报道。完成《湖北省民用航空工业中长期发展规划实施情况的报告》研究，对 2013—2018 年湖北民用航空工业发展情况进行梳理总结，为下一步行业发展工作理清思路。

湖南省

一、本地区基本情况

湖南省是国家航空工业布局的重点省份，是我国唯一的中小型航空发动机研制基地和飞机起降系统研制基地，国家“两机”专项发动机能力建设的重要布局点。2018 年，全省现有航空企事业单位 109 家以上，其中，规模以上工业企业 67 家以上，拥有资产总额约 547 亿元，从业人员 2 万余人，已建成 15 家国家级、省级工程技术研究中心和 22 家国家级、省级重点实验室。湖南已初步构建了以株洲、长沙为重点，岳阳、郴州、湘潭、娄底、常德为支撑的产业发展格局，形成株洲航空城，长沙航空器起降系统、航空综合维修保障园区，岳阳浮空器、航空关键零部件生产园区，郴州通航运营服务文化园区等一批优秀的军民融合型航空科研生产园区和通航产业园区。

二、生产经营情况

“十三五”以来，湖南航空工业年产值增长 20% 以上，保持了稳步增长的势头。2018 年，湖南航空产业集群企业实现产值 311 亿元，同比增长 26.6%，产业发展的质量效益不断提升。

三、主要产品和技术

近年来，湖南大力发展壮大中小航空发动机优势产业集群，形成了从航空动力系统、关键零部件、关键基础材料到航空器整机制造、航空综合服务保障的产业链条较为完善的航空装备制造集群。

通航整机领域，以山河科技、湘晨飞机工业、湖南远望、湖南罗特威等为骨干，形成了轻型固定翼飞机、小型直升机、旋翼机、浮空器、无人机等产品研制核心技术，其中“阿若拉”轻型飞机是我国首款通过适航认证的民族自主品牌轻型运动飞机，在国内两座轻型运动飞机市场占有率超过 60%。

航空动力系统领域，以中国航发南方工业公司、中国航发湖南动力机械研究所为核心，形成了中小型航空发动机、辅助动力装置（APU）、小微型燃气轮机等产品研制的核心技术，覆盖了直升机动力、中小型运输机动力、无人机动力等各个领域，是国内航空发动机种类最全、型号最多的省份，涡轴发动机国内市场占有率 90% 以上。

关键分系统领域，以中航飞机起落架公司（572 厂）、航空工业长沙五七一二飞机工业公司、长沙鑫航机轮刹车、航发中传机械公司为引领，形成了起落架系统、机轮刹车系统、直升机传动系统等一批国内领先的航空关键系统产品研制核心技术。

航空新材料、机载设备领域，以博云新材、株洲硬质合金、兆恒科技、微纳坤宸、博翔新材料、长城信息、景嘉微电子等为代表，形成了碳碳刹车材料、碳化硅纤维、硬质合金、轻质高强材料、耐高温材料、机载显示器、图形显控产品等研制核心技术。

四、产品开发与技术进步

近年来，湖南航空工业积极参与承接国家航空重大工程和重点型号项目，取得较好成效。

航空整机方面：2018 年，山河科技国内首款五座飞机 SA160 审定合格，山河 SA60L 系列三个型号取得民航适航认证，山河 SA160L 五座飞机在湖南株洲芦淞通用机场首飞，省内首款警用无人机“云翼”成建制列装。

航空发动机方面：2018 年，中国航发湖南动力机械研究所、中国航发南方工业有限公司牵头承担的国家航空发动机及燃气轮机重大专项中 1000kW 民用涡轴发动机、5000kW 民用涡桨发动机等型号项目研制进展顺利，AES100 民用发动机已研制成功并参加 2018 年珠海航展，中国航发湖南动力机械研究所研发的涡轴 -16

发动机（1200kW 民用涡轴发动机）正加快适航取证工作；中国航发长江动力有限公司研制的金属封严环、华自科技股份有限公司研制的发动机叶尖间隙在线监测系统助力大型客机发动机验证机（“长江”-1000AX）首台整机试制、装配。

航空设备与系统方面：2018 年，中航飞机起落架有限公司、湖南博云新材料股份有限公司、长沙鑫航机轮刹车有限公司、湖南航天环宇通信科技有限责任公司等单位研制的起落架与机轮刹车系统、碳纤维复合材料成型设备助力国产 C919、CR929 大型客机；湖南华曙高科技有限责任公司与中国商飞上海飞机设计研究院开展高性能聚合物零部件增材制造技术在民用飞机领域的应用示范合作，拟率先实现装机应用。湘潭华联电机有限公司研发了多种填补国内空白的高速电机产品 YTG-450W-110000rpm、YTG-150kW-35000rpm、YTF-30kW-60000rpm 等，承接了中科院、中国航发及高校委托的多项技术开发项目，多用于替代进口或国外禁售产品。湖南科技大学承担了中国航发 608 所某发动机燃料系统控制系统研制及试验项目。拥有国内领先的原子气室 OTS 修饰的石蜡 /PVDF 抗弛豫镀膜技术和腔多重增强的灵敏度可调原子气室制备技术（用于生产高温高精度原子磁力仪 / 原子陀螺仪等核心器件）、航空机电装备动力学建模与测控技术（解决直升机动部件的动力学仿真与分析、动态控制、状态监测和故障诊断等）。正在开展高温极高灵敏度原子气室小型批量化制备技术项目。湖南新韶光电气有限公司 2018 年 9 月承接了新乡航空工业集团部分航空交通工具电辅热器件的研发工作。

其他民用航空产品：湖南宜通华盛科技有限公司研制的“X 波段阵列天气雷达”在国内首次创新提出相控阵天气雷达协同组网扫描探测，填补国内空白；湖南金天钛业科技有限公司研制的中国商发发动机盘及相关转动件用 TA19 钛合金棒材及构件关键制备技术研究与产业化。湘潭大学形成了航空航天薄膜材料和器件、飞行器隐形数值计算和模拟、人工智能导航技术等国防特色研究方向，承担了一大批军工科研项目。

五、对外贸易与合作

湖南通过借助产能优势、成本优势积极与国外优秀制造商发展国际转包业务和技术合作，推动产业向产业链条上中下游拓展。中国航发南方工业公司与加拿大普惠、法国透博梅卡和美国莱康明达成合作意向，进军发动机维修行业；中国航发湖南动力机械研究所与法国透博梅卡公司合作研制民用直升机发动机；中航起落架公司与梅西埃 • 道蒂公司、古德里奇等合作生产起落架结构件，与利勃海尔联合承担国产大型客机起落架系统研制任务，并计划与德国合作建设空客、波音、C919 系列大客机起落架维修项目；中国航发中南传动机械厂为美国 GE、加拿大北星、伊朗航空生产齿轮产品；山河科技成功并购加拿大 AVMAX 公司，并与美国三角鹰公司合作开发通用飞机发动机，正在美国进行 FAA 认证；湖南航天工业总公司与俄罗斯国防出口公司合作的“近空间飞行器平台系统技术”项目即将进入二期实施。湖南睿腾精密工业有限公司与美国 AMS 公司开展了主要产品是波音相关机型的钣金结构件及 CNC 加工（机舱横梁、监控）。

六、行业管理

一是强化组织领导。湖南省委省政府高度重视航空产业发展，将航空产业纳入制造强省建设 12 大重点领域和重点支持的 20 个新兴优势产业链，省政府专门成立了由常务副省长任组长、分管副省长任副组长，23 个省直相关部门、市州政府为成员的省航空产业发展领导小组，负责统筹协调航空产业发展重大事项，领导小组办公室设省工信厅，具体负责全省军民用航空工业行业管理，各相关市州也建立了相应的领导协调机制或明确了职能部门，进一步加强了对全省航空工业组织领导。

二是深化对接合作。近年来，湖南省政府先后与国家国防科工局、航空工业集团、中国航发、中国商飞等部委和央企集团签订战略合作协议，进一步深化省部、省企间战略合作。2018 年 11 月，中国商飞公司和湖南省政府就大飞机地面动力学试验平台项目达成合作意向，为推进国产大型客机研制本土化贡献更多湖南元素、湖南智慧。

广东省

一、基本情况

2018年，广州飞机维修工程有限公司、广州航新航空科技股份有限公司、深圳市大疆创新科技有限公司、深圳市多尼卡电子技术有限公司、深圳中集天达空港设备有限公司、深圳一电航空技术有限公司、珠海保税区摩天宇航空发动机维修有限公司、广东西北航空科技股份有限公司等8家企事业单位（不含中央在粤企业）纳入全国民用航空工业统计管理信息系统，从业人员总数21199人，其中：工程技术人员5966人、研究与试验发展人员2680人。

二、生产经营情况

2018年，广东省纳入全国民用航空工业统计管理信息系统的航空企业实现主营业务收入274.07亿元，工业总产值290.5亿元，转包生产交付金额1650.62万美元，利润总额36.05亿元。

三、主要产品

（一）民用飞机

多旋翼飞行器、小型多旋翼一体机等产品。

（二）航空系统及设备

飞行控制系统、云台系统、空港自动化物流处理系统、航空货物处理系统、现代物流仓储系统、自动化立体停车系统、行李处理系统、飞机泊位引导系统、快速获取驾驶舱语音记录仪、机载无线局域网系统、机载音频播放器、机载视频播放器、机载驾驶舱视频监控。

（三）航空维修、改装及服务

飞机、机载设备、零部件及附件的维修，航线和周期性维护及特种检查，适航及服务改装，基地维修，发动机的维护、修理和翻修。

（四）其他民用航空产品

旅客登机桥、航空食品车、升降平台车等。

四、产品开发与技术进步

（一）广州飞机维修工程有限公司

公司每年开展科技创新项目约60项，研发投入费近亿元，每年新增专利申报20多项。目前拥有发明专利27项、实用新型专利107项，是国内拥有知识产权数量最多的航空维修企业；2018年，持续关注和监控飞机吻合率、完成率，为APS的“施工有序”“工作有标准”服务，实现对整架飞机定检工作的全程跟踪和效率控制，完成了近200架次C检，平均准时出厂率达到85.2%。

（二）广州航新航空科技股份有限公司

在机载设备研制领域，是国内领先的飞行参数记录系统及首家装机鉴定的健康管理与监测系统（HUMS）供应商；在检测设备研制领域，是国内交付数量最多、使用基地最多、保障水平最高的测试设备生产研制企业；在飞机及部附件维修及航空资产管理领域，具备主要机型和各种部附件的维修能力。

（三）深圳中集天达空港设备有限公司

已获得授权和在申请的专利437件，在世界同行业遥遥领先。

（四）深圳市大疆创新科技有限公司

2018年度研究开发费用支出15.19亿元，占销售收入总额的36.32%，发布了14款新品；截至2018年12月31日，公司专利申请量达7100多项，其中已获授权专利1939项，PCT专利申请达2622项，连续两年国内企业PCT专利申请量排名前十。

（五）珠海保税区摩天宇航空发动机维修有限公司

在零部件清洗、高压水剥离、无损探伤检

测、表面处理、焊接、机加工、等离子喷涂、热处理、电镀、涂层剥离和高速磨削等方面具备行业内最高标准的技术能力，能够为客户提供 MTU 全球标准的维修质量和创新服务；具备 V2500-A5 和 CFM56-3/5B/7B 所有单元体、零配件的拆装以及 80% ~ 85% 的发动机零部件的深度维修能力，维修项目达 4000 多项，能够出具发动机整体及 14413 个发动机部件（件号）的产品合格证明；现有专利 32 项，其中发明专利 7 项。

（六）广东西北航空科技股份有限公司

近年来投资项目主要有民用飞机客舱零部件及材料的研发、飞机货舱零部件及材料的研发、波音 737-600/700/800 型飞机金属刹车副的研发、空客 A318/A319/A320 系列飞机碳刹车副的研发、湾流公务机碳刹车副的研发，掌握了高摩擦、高力矩特性飞机刹车副的核心制造技术。

五、对外贸易与合作

（一）对外贸易

2018 年广东省出口（不含转包生产）民用飞机 698662 万元，民用飞机机载系统和设备 1446.91 万元，民用飞机零部件 1049.9 万元，民用飞机机载系统和设备零部件 302.27 万元，其他民用航空产品及零部件 16780 万元，民用航空发动机修理 542657.4 万元，其他民用航空产品及零部件修理 3004.3 万元，合计 1263902.78 万元。

（二）对外合作

（1）广州飞机维修工程有限公司：拥有中国民用航空局（CAAC）、美国联邦航空局（FAA）、欧洲航空安全局（EASA）等 20 个国家（地区）适航当局批准的民用航空器维修许可证，以及中国南方航空、美国联邦快递公司等国内外 100 多家客户；2017 年 12 月、2018 年 2 月分别注册新西兰分公司、澳大利亚分公司，在澳大利亚和新西兰 3 个机场开展航线维修业务。

（2）广州航新航空科技股份有限公司：累计对外（爱沙尼亚、荷兰）投资 4 亿元，收购了爱沙尼亚 MMRO 公司，市场由主要集中在中国及东南亚扩展到欧洲、中东、北非等地区。

（3）深圳中集天达空港设备有限公司：为全球 70 多个国家（地区）共 312 个机场提供了近 6000 台登机桥，占全球市场约 40% 的份额；2012 年起，公司成功收购了民航协发机场设备有限公司、法国 Air Marrel 公司、新加坡德利国际有限公司，业务板块正逐渐扩大，向国际化大企业迈进。

（4）深圳市大疆创新科技有限公司：产品已经远销 133 个国家和地区，无人机产品 80% 出口海外，2018 年已占据全球消费级无人机市场 80% 份额。

（5）珠海保税区摩天宇航空发动机维修有限公司：自 2003 年正式营运以来先后获得 CAAC、EASA、FAA、日本民航局（JCAB）以及巴西、沙特阿拉伯、印度尼西亚、印度、越南、泰国、菲律宾、智利、卡塔尔、新加坡、马来西亚等国家的适航维修许可证；客户遍布中国、亚洲以及欧美各国，与 MTU 集团旗下的 6 家企业在资源、能力、技术、管理、营销、服务、人力资源等方面开展了广泛的合作。

六、重大基础设施建设

（一）广州白云国际机场南航 GAMECO 飞机维修设施三期 18 号维修机库工程项目

项目总投资 88604 万元，包括：新建 18 号维修机库、生产辅助用房及周边市政工程，总建筑面积约 92223.99 米 ^{2}。

（二）新科宇航广州飞机维修基地 G3 飞机维修库项目

项目总投资 21000 万元，包括：新建 G3 机库（维修大厅、喷漆大厅、附楼）和停机坪，总建筑面积约 16700 米 ^{2}。项目建成后主要承担波音 767、A320 等系列飞机的 C 检及以下检修和喷漆任务。

（三）美华航空电子研发建设项目

项目总投资 250000 万元，包括：拟建供教学培训的厂房 4 栋（分操作培训、授课培训使用），总建筑面积约 230903 米 ^{2}。项目建成后将涵盖飞行培训、空乘空保培训、签派员培训以及航空博览等业务。

七、行业管理

（一）加强行业规划管理

以航空重点地市为主，强化规划引领加快推进航空产业发展。广州市实施《推进国际航空枢纽和临空经济示范区建设三年行动计划（2017—2019年）》，全力推动国际航空枢纽和广州临空经济示范区建设。深圳市实施《深圳市航空航天产业发展规划（2013—2020年）》，谋划推动航空航天产业跨越式发展。珠海市出台实施《珠海市加快通用航空产业发展工作方案（2017—2021）》，截至2018年累计完成园区发展规划、控制性详细规划、专项规划共计14项。

（二）加大政策扶持力度

2018年，广东省出台《关于扶持珠江西岸先进装备制造业发展的财政政策措施（2018—2020年）》，提出具体的财政政策措施，在珠江西岸产业带基础上以更大力度支持装备产业发展，对全省符合条件的民用航空等产业项目可一并纳入政策扶持范围。

（三）延伸打造航空产业链

推动广州市培育发展航空维修与制造业、航空物流业、跨境电商业、通用航空业、飞机租赁业、航空总部商务等六大临空产业，目前超1.1万家企业落户广州空港经济区，临空产业集聚效应初显；珠海市引进了航天科工（深圳）集团、武汉航特装备、哈尔滨广联通航、民航校飞中心等一批航空配套项目。

（四）加快珠海航空产业园发展

一是推进园区基础设施建设。珠海航空产业园于2008年11月4日正式开园，规划用地面积99.0千米^2，逐步形成以滨海商务区、机场核心运营区和高端产业集聚区为主体的三大项目承载片区，累计引进航空产业相关项目超70个，可持续发展能力不断增强。二是打造航空展览闪亮“名片”。至2018年，中国国际航空航天博览会在珠海航空产业园成功举办了十二届，已跻身世界五大航展之一，成为世界各国航空航天企业进入中国市场的最佳门户和展示平台，规模、规格和影响力持续扩大。

重庆市

一、本地区基本情况

重庆市民用航空工业企业主要包括重庆通用航空产业集团有限公司（下辖全资子公司有重庆通用航空有限公司、美国恩斯特龙直升机公司、重庆通用飞机工业有限公司；控股子公司有飞行学院重庆通用航空培训有限公司、重庆通用航空产业集团机场有限公司、重庆通用航空产业集团航电系统有限公司）、重庆天骄航空动力有限公司、阿莫森航空安全器材（重庆）有限公司、重庆金世利钛业有限公司、重庆翼动科技有限公司、重庆华科尔无人机技术有限公司、重庆市亿飞智联科技有限公司、重庆宗申航空发动机制造有限公司、隆鑫通用动力股份有限公司、重庆钢铁研究所有限公司、西南铝业（集团）有限公司等 17 家企业。重庆通用航空产业集团有限公司获重庆市工程技术研究中心（渝科委发〔2018〕14 号）市级资质认定，成为重庆市通用航空轻型飞机工程研究中心。全市拥有重庆通用航空产业集团有限公司一家市级企业技术中心。重庆两江航空产业园位于重庆两江新区龙盛片区，首期规划面积约 8 千米^2，也是重庆市通航综合示范区核心区。通用航空领域，按照《重庆市人民政府关于发展通用航空产业的意见》，大力发展培育通用航空制造、通航运营、通航培训、通航金融等产业板块。

二、生产经营情况

2018 年，重庆市民用航空工业实现产值 4.2 亿元，同比增长 53.8%，销售直升机 23 架，航空活塞发动机产量 29 台。主要涉及直升机、无人机研发制造，以及航空动力、航电系统、航空安全带、航空钛合金、航空钢材、航空铝材等配套产品制造等领域。

三、主要产品

（一）民用飞机

直升机：2018 年，重庆通用航空产业集团有限公司销售恩斯特龙直升机 23 架（国内 1 架，国外 22 架），相较上一年增加 17 架。

固定翼飞机：重庆通用航空产业集团有限公司 CG231 研发项目完成首次型号合格审定委员会（TCB）会议，进入科研样机试制阶段。

无人机：包括华科尔系列航拍无人机、竞技无人机，翼动科技 ET–1 型民用工业级无人机等。

（二）航电设备

低空保障服务系统已在重庆龙兴通用机场投用，并获得了全国首家飞行计划申报服务资质。并开展航电系统及设备加改装、运行管理系统、飞行服务站销售等业务。

（三）航空配套产品

具体包括宗申动力 TD0 大排量活塞式航空发动机，西南铝业铝合金厚板、11 米超大规格航空用高级铝板、第三代新型铝锂合金，重钢研究所航空用管材、棒材，阿莫森航空安全产品、重庆金世利航空钛合金材料等。

（四）航空维修改装及服务

重庆通用航空产业集团有限公司获得民航局 135 部航空运营人运行合格证，成为重庆首家、西南辖区内第二家通过 135 部审定的企业，标志着重庆进入通航短途运输新时代。开展了 147 部维修培训项目，获得中国民航局 147 部贝尔 407 直升机 ME 和 AV 专业 II 类培训证书资质，使维修培训领域进入世界主流机型。获得中国民航局 141 部航校资质，成为西南地区第一家直升机 141 部运营人，标志着飞培公司正式进入正规化专业化飞行学校行列。获得中国民航局 145 部维修资质，实现了 PC、AS9100、145 体系的稳定运行。

四、产品开发与技术进步

CG231研发项目完成首次型号合格审定委员会（TCB）会议，进入科研样机试制阶段。TH180、CG231两项新产品列入2018年重庆第二批创新指导项目目录。恩斯特龙480B直升机农林喷洒设备、光电吊舱加改装设计，贝尔407通用支架的零部件制造等3项任务设备研制项目获得中国民航局认证。

五、重大基础设施建设

开工武隆机场，万州、黔江机场改扩建，续建巫山机场，建成投用江北机场东航站区及第三跑道工程，成为中西部地区第一个拥有三条跑道的机场，为江北机场提升国际枢纽功能奠定基础条件。永川通用机场基本完工，计划2019年投用。潼南、石柱、忠县等一批通用机场取得场址审查批复，正加紧推进前期工作。在军方的积极支持下，空军梁平机场已获批开展通用航空业务。

六、行业管理主要工作

（一）打造通航制造业集群

积极引进成熟的通用航空器产品和技术，推动通用航空器产品的适航取证，逐步形成涵盖中、小、轻型固定翼飞机和中、小、轻型直升机的产品谱系和自主研发能力。加快航空发动机项目推进步伐，逐步构建涵盖各型涡扇、涡轴、涡桨等航空发动机产品的设计、研制、生产和维修能力。围绕航电系统、机身材料等重点领域，引进、支持优势企业加快机体零构件、旋翼、机载设备等通用航空器零部件的研发和制造。

（二）全面发展通航运营服务

大力发展搜索救援、农药喷洒、国土及地质资源勘查、环境监测、能源管线巡查等领域的公益服务。积极发展通航旅游服务，广泛开展空中广告、空中跳伞、航拍航摄、空中婚礼等服务，拓展通航应用新领域，培育通航产业新市场。扶持通用航空短途通勤运输模式，大力发展商务航空，满足个性化、高效率的出行需求。积极发展航空培训服务。

（三）完善低空飞行保障体系

加快推进重庆通航飞行服务站建设，构建飞行计划管理、飞行监视管理、信息化飞行服务中心等于一体的信息管理系统，为通航用户提供飞行任务、飞行计划、航空气象、航空情报、告警和协助救援、通信等服务。加快通用机场网络建设，建设地面保障服务网络。

（四）全面优化产业发展生态

以两江航投集团、重庆通航集团为牵引，将两江新区航空产业园打造成为全市通航产业发展的综合性服务平台。推动天骄航空动力研究院、重庆通航集团航空器研发中心等企业创新平台建设。谋划建设适航认定和检验平台。进一步完善金融租赁服务平台。

四川省

一、本地区基本情况

四川民用航空工业具有较好的发展基础，技术人才集聚，创新氛围浓厚，是我国四大飞机制造基地之一，拥有众多科研院所、生产制造企业和实验研究基地，具有较完整的飞机和航空发动机总体设计、总装制造、系统集成和验证试验体系，民用航空工业领域军民融合程度较高，整体实力居全国前列。

目前全省从事航空及相关领域的企事业单位 150 余家，主要由中国航空工业集团有限公司、中国航空发动机集团有限公司、中国电子科技集团有限公司在川企事业单位，以及地方军工电子企业、部队企业、民口配套单位构成，从业人数近 10 万人。已建成国家级重点实验室 2 个，国家级企业技术中心 12 个，在飞行器总体设计制造、航空发动机研制、航电系统研制和航空材料等方面居于国内领先水平。

二、生产经营情况

2018 年，四川省纳入全国民用航空工业统计信息管理系统的航空工业企事业单位（含央属企业、地方军工电子和民品配套单位）实现民用航空工业主营业务收入 187.48 亿元，同比增长 7.6%。

三、主要产品

（一）民用飞机

航空整机方面主要发展轻型飞机、警用无人机、植保无人机、多功能无人机、靶机等。参与大型民用客机 C919、新支线客机 ARJ21、大型宽体客机 CR929、大型灭火水上救援水陆两栖飞机 AG600 等项目，涉及“新舟”60、“新舟”700、AC312、“蛟龙”600、“海鸥”300、“小鹰”500、ARJ21、波音 747-8、TA600 等飞机配套。发展轻型飞机研发制造、维护、销售租赁等业务，主要产品有 SL600 轻型运动飞机，首批组装下线两架并成功试飞，目前已组装 5 架。无人机方面，主要发展低成本高速无人机和小型多用途无人机。TFB 无人机是一种低成本高速无人机，机身全部采用新型复合材料，动力使用涡喷发动机。TFU 型无人机是一种小型多用途无人机，采用弹射 + 伞降的发射回收方式，不受场地限制，主要机型 CW-007、CW-10、CW-20、CW-30、CW-100 等系列无人机。无人机飞控方面，主要有 AP/NP/MP 三种系列的无人机自驾仪，适用于各种中型、小型及微型固定翼、多旋翼、直升机及扑翼无人机，具有高可靠性、高集成度、全自动化以及无须调参、即装即飞的优势。

（二）航空发动机

主要开展航空发动机及关键零部件的研发制造和国外转包生产，主要产品有核心机、机匣、叶片、大型涡扇发动机、中小推力发动机以及转速测量传感器、转速指示器、压力指示、油路机械密封件、滑油污染检测器、弹射救生系统零件及绿色清洁能源配套装置等部件，产品涉及美国 GE、普惠等国际知名企业多个型号的民用航空发动机。正在开展高速风洞航空器、600kW 级单发、1600kW 级双 / 三发应用双通道航空动力控制系统等重点航空发动机研制开发。

（三）航空电子系统及设备

在航电系统方面，主要发展飞机模拟系统、客舱娱乐系统、机载通信导航系统、空管监视系统、综合化航电系统等。在空管监视系统领域，主要研制开发 ADS-B 地面站、二次监视雷达、低空空域协同运行中心、测试应答机、测距仪、多普勒甚高频全向信标、移动式管制中心系统、机动式 ADS-B 管制系统、飞行指挥车、AeroMACS 机场宽带无线通信系统、新一代空管低空监视雷达、机场跑道异物检测雷达、机场场面监视雷达、无人机监视雷达等系统及装备。在航电系统方面，主要发展民用飞机机载客舱广播内话系统、S模式应答机、1090ES数据面机载端、便携式ADS-B终端等设备；民航客机视屏伺服装置及设备，配套空客A320，累计完成生产1744套。

（四）航空材料及元器件

主要发展碳纤维航空复合材料、航空钛合金、功能涂层材料等，在飞机结构件、加强件、框、梁、磁性材料、密封件、易熔合金等特殊材料或器材等领域应用广泛。研制了飞机管路系统柔性连接器、HB4管路件、刚性卡箍等产品的制造和试验能力，加快无铆座圈、开缝衬套等冷挤压产品的研制和高压管路系统。

（五）航空维修、改装及服务

主要发展大型客机、运输机、直升机、通用飞机的整机维修；发展航空发动机及附件、机载航空设备、飞机液压系统、燃油系统的检测设备设计制造、产品的维修、技术咨询服务等；围绕民航和通用航空发展空管系统、航空物流系统、民航信息管理系统、机场弱电系统、航空安全管理系统等配套系统和设备的管理维护。承接空客A320前/后登机门、空客A350下垂板和扰流片、G280公务机机头和后机身以及波音787方向舵等项目的转包生产；完成ARJ21-700民用支线客机、SL600轻型运动飞机等整机维修改装，完成AC312C/E、长江-1000AX等发动机维修配套服务；积极开展民航飞行员培训、飞机维修、航材管理、理论培训、航空俱乐部等业务。

四、产品开发与技术进步

民航整机方面在C919、支线客机ARJ21、大型宽体客机CR929等民航重点型号上均有突破，所拥有的飞机机头柔性装配系统、固定式压铆机、大型自动钻铆机及数控托架系统、激光跟踪仪、三坐标柔性测量臂、激光跟踪仪、激光雷达等飞机数字化制造和柔性装配关键设备为飞机机头类、机身类、翼面类多种型号产品研制提供了充分的科研保障；完成大型壁板类组件数字化柔性装配技术、国产大型灭火/水上救援水陆两栖飞机机头研制关键技术研究及应用、民用飞机结构部件关键制造技术研究与应用、C919客机机头数字化先进测量技术攻关等多项前瞻性研究成果，形成一大批科技成果，新申请相关专利近百项。

无人机方面利用小型化通航/无人飞机TCAS系统项目，解决目前国内TCAS系统关键技术研究厂商有限的问题，具有精度高、体积小、功耗低、成本低的特点，打破霍尼韦尔公司类似系统上的垄断地位，实现国产化替代进口。

航空发动机方面，掌握了“整体叶盘振动光饰”技术，达到国内先进水平，并在“真空充氩高频感应钎焊技术”研究中，实现了叶片阻尼台耐磨层钎焊的自主生产；依托多年的滑油油路污染检测的经验，首创微电流烧蚀技术，针对性消除引起发动机磨损的误告警，提高了发动机的维护和使用效率，并成功应用于国内某商用直升机上。

航空材料及配件方面承担了国家配套研制项目、关键材料攻关项目、重大专项等多项科研任务。

（一）新产品开发情况

研究生产小型化通航/无人飞机TCAS系统，解决目前国内TCAS系统关键技术研究厂商有限的问题，伴随着我国低空空域开放，通航产业的发展，在通航飞机、无人飞机上安装TCAS系统将会成为必然。该型产品具有精度高、体积小、功耗低、成本低的特点，会是通航飞机、无人飞机安装的首选。该型产品有望打破霍尼韦尔公司在民航市场上的垄断地位，国产化替代进口。

研究生产靶机、气象无人机，最终达到年产300台（套）无人机生产能力。目前靶机已交付使用，气象无人机正在型号定型和测试之中。

研究生产“双尾蝎”无人机、“扑天雕”无人机、“没羽箭”无人机、“天鹰”无人机、XS无人机、XC无人机等整机电缆网已进入批量生产阶段，累计完成200余架整机电缆网的销售，预计5年内市场需求超过800余架。

成功研制J599/20、J599/26系列复合材料圆形连接器，开发9种标准壳体73种标准型谱组合连接器型号两千多种。目前上述产品系列均批量用于无人机项目。

（二）重大技术进步情况

九洲集团依托在民航领域的丰富经验和积

累，积极推动技术进步，2018 年 12 月，“空地一体化协同防撞关键技术研究及重大应用”成果荣获国家科学技术进步奖二等奖。

华丰公司依托成飞整机电缆网设计和制作方面的经验，开展了整机电缆网设计和检测的研究，大幅度提高产品可靠性及工作效率。

海川公司院士专家工作站与国内外高校长期合作，在单晶叶片、动力涡轮、整体叶盘制造及航空发动机零部件磨削的技术上取得了重大进展。

五、对外贸易与合作

进一步深化国际合作，加强与 NBAA 协会、美国波音、欧洲空客、法国达索、美国沃特、捷克伊赫拉瓦公司、美国 GE、西门子、科巴姆公司、霍尼韦尔公司、湾流、科林斯等国际知名机构技术交流。积极参与国际知名通用航空学术论坛、参加航空维修专业培训、加强专业人才学术交流等，2018 全球无人机大会、第五届中国（成都）国际通用航空发展高峰论坛暨四川省通航推介活动、首届中国通用航空创新创业大赛等在四川成功举办，有效提升四川在全国航空产业方面综合影响力。

六、重大基础设施建设

紧紧围绕民用航空工业典型领域，依托有关龙头企业，着力开展基地（园区）建设，进一步完善和延伸我省民用航空工业产业链。

七、行业管理主要工作

（一）统筹谋划，推动民用航空产业集群式发展

以习近平总书记对四川工作的重要指示精神为遵循，出台《中共四川省委关于全面推进高质量发展的决定》《四川省人民政府办公厅关于推动国防科技工业军民融合深度发展的实施意见》等政策文件，旨在聚焦航空整机、航空发动机、航天及卫星应用、无人机等优势领域，加快打造四川军民融合十大产业集群，紧抓重点领域，加强保障措施，开创四川民用航空产业集群式发展新格局。

（二）抢抓机遇，大力推进低空空域协同管理试点

根据国家批复方案，大力推进低空空域协同管理试点。2018 年 12 月底，成功实现四川省低空空域协同管理试点新规首飞，标志着军民地协同推进的低空空域协同管理试点工作取得阶段性成果，下一步，四川试点工作还将继续向深度和广度拓展，完善运行规则，为全国低空空域改革提供可复制可推广的经验。

（三）狠抓项目，推进落实重大工程和计划

狠抓 C919、ARJ21、AG600、CR929、“新舟”700、TA600 机头等重大民机工程项目；着力推动地方民企有关通用飞机配套、无人机研发制造、航空与燃机零部件制造、民用航空维修服务等重大项目建设。

（四）加强保障，完善服务措施

加强对全省民用航空产业发展各项工作的统筹领导，充分发挥财政资金引导作用，加强地方资金配套和支持力度，进一步加大对省内民用航空产业及企业的财政资金支持。在重大项目协调保障方面，实行“绿色通道”，强化协调服务和监督管理，增强条件保障工作前瞻性，做好衔接，加强配合，特事特办，急事急办，积极为民用航空产业发展提供良好的地方条件保障。

贵州省

一、本地区基本情况

2018年，贵州省民用航空产值175亿元，全省参与民用航空生产及配套的企业有33家，其中，航空工业集团在黔企业17家，航天十院2家，中电振华集团2家，中航发集团4家，民营企业9家。

二、主要产品

（一）民用飞机

民用飞机产品主要有贵飞公司“鹞鹰”系列民用无人机；2家民营企业从事农用植保无人机研发、生产。

（二）航空发动机

航空发动机主要以黎阳公司中小推力航空发动机生产为主，重点服务于高级教练机、高端无人机等，未来具备覆盖公务机能力。配套产品包括叶片、盘轴、机匣、喷口等航空发动机零部件，部分企业承担航空发动机修理工作。

（三）航空设备及系统

主要有燃油泵、柱塞泵、发动机配套的液压泵、燃油调节器、火箭发射器、柱塞马达、飞行员操纵装置、机轮、刹车系统、起落架、二次电源、环控设备、继电器、开关、接插件、波音737垂尾接头、电动机构、电磁阀等产品。力源液压公司液压泵先后为“新舟”60、AG600两型民用飞机配套。

（四）其他民用航空产品

贵州省目前共有可为中国商飞、中国航发商发配套的潜在供应商24家，包括中航标、航天精工、白云中航紧固件等6家标准件企业；贵阳电机、航天电器、天义电器、中电振华等5家电子元器件企业；贵飞公司、贵州红林、力源液压等6家零部件企业；华烽电器等3家分系统企业。参与民用航空产业配套产品研制和生产的企业有12家，中国商飞公司、中国航发商发公司认定的合格供应商8家。其主要供应产品有航空标准件产品、精密轴承、铸造建和锻造件产品、航空机载设备、航空转包零部件等。

三、对外贸易与合作

对外转包业务稳定规模扩大，近年来多家企业持续扩展国际市场，对外转包形成较为稳定的业务和规模，主要有：航空锻件，重点企业有航空工业安大公司、航宇科技公司，其中，航宇科技成为GE公司、罗罗公司、霍尼韦尔公司、赛峰公司合格供应商。发动机叶片，主要企业有黎阳国际、赛峰飞机发动机（贵阳）有限公司，其中，赛峰飞机发动机（贵阳）有限公司为外资控股企业，由原贵州斯奈克玛新艺叶片铸造有限公司更名。

四、重大活动和项目建设

（一）举办2018贵州·安顺黄果树飞行大会

通过与安顺市人民政府共同举办2018贵州·安顺黄果树飞行大会的活动，安顺作为全国通用航空产业示范区，为各级各界人士展现了一张靓丽的城市名片和产业名片。招商引资签约产业类合同项目15个，投资总额103.5亿元。

（二）拓展新兴领域，助推转型升级

积极响应国家“一带一路”倡议，加速推进贵飞航空主机产品自主创新、转型升级，丰富军贸飞机出口产品型谱，构建“空中丝路”。以航空工业贵飞“神鹰”FTC-2000G军贸飞机的研发生产为新起点，进一步深入落实国家军民融合战略和贵州省委、省政府军民融合决策部署，做实做强做大“贵飞工业联合体”，全力推进重点军民融合项目落地，打造安顺航空全

产业链。目前，联合体首批 19 家合作单位已有 5 个项目落地，3 个正洽谈，5 家企业派人到贵飞跟产学习。

（三）深化企业改制，激发内生动力

大力推动安吉航空精密铸造有限责任公司通过混合所有制改革打造“军地资本合作 + 产学研深度结合”的新型军民融合示范企业。

五、行业管理

首先，编制印发《贵州省通用航空产业发展规划（2018—2025）》（黔经信军民〔2018〕6 号），提出依托航空产业基础，力争用 5 ~ 10 年建设成为融合区域特色的通用航空全价值链服务集成地，最终形成全产业链发展的产业格局，推动军民融合相关产业发展。接着，编制印发《贵州省经济和信息化委员会关于加快推动全省国防科技工业军民融合深度发展的意见》（黔经信军民〔2018〕7 号），明确总体思路、指导原则、发展目标，充分发挥贵州省军工产业基础和区域资源优势，加强宏观指导和政策支持，以行业领先为目标大力发展国防装备，实现关键领域的重点突破，进一步加快推动全省国防科技工业军民融合深度发展。

编制发布 2018 年度《贵州省军用技术转民用推荐目录》《贵州省军民结合新产品、新技术、新工艺研发项目目录》，促进军工技术转入民用领域，推动军工技术成果推广转化和产业化。编制发布 2018 年度《贵州省军民两用设备设施资源信息共享名录》，促进军工和地方科技资源的共享互用。

云南省

一、本地区基本情况

（一）云南省从事通航产业的企业以运营为主

按照云南省委、省政府的安排部署，云南民用航空产业的发展重点是通用航空产业。据不完全统计，云南省从事通用航空产业的企业有27家；其中，有15家是通用航空公司和飞行俱乐部，从事旅游、培训、其他服务业。

（二）民用飞机

全省主要通用航空制造企业有12家。弥勒浩翔科技有限公司研发生产的DL-2L双座轻型运动型飞机成功实现首飞，实现了云南省整机研发制造零的突破。

（三）航空设备及系统

云内动力股份有限公司具有研发和生产小型活塞式航空发动机的能力；中兴通讯技术合作项目开始推进，生产通航飞机所需要的导航、通信等航空设备。

（四）民用飞机零部件制造

昆明电缆集团航安线缆有限公司生产民用航空导线和耐高温导线产品，但产品品种、产量和销售量较少。昆明飞安飞机零部件开发制造项目、昆明鹰之航科技开发公司开展科技开发、培训等业务；四川戴得梁行集团公司也开始进入云南通航制造业。

二、对外贸易与合作

玉溪云南合美通用航空技术有限公司正在组装美国海明堡300L型直升机，云南云上飞鹰航空装备有限责任公司正在从事捷克Skyleader 600型2座固定翼飞机组装，云南高科新农科技有限公司正在组装生产无人机；红河综合保税区计划与美国席勒公司实施集直升机组装、销售、售后为一体的直升机5S项目。

全省没有一家通航制造企业年销售收入达到统计规模以上，云南省通航产业发展任重道远。

三、行业管理主要工作

（一）高度重视云南民用航空制造业的发展

发展通用航空业对云南省经济发展具有重要的促进作用。通用航空产业的发展程度，代表着一个国家和地区飞机制造和航空产业的发展水平，其重要性越来越为人们所认识。云南省具有相对独立的空域管理区域；全省95%地形为山地，陆路交通不便；旅游资源丰富，这些是云南省大力发展通用航空产业和优势和条件。把通航产业培育成为云南省国民经济新的增长点，对促进云南省先进装备制造业的发展将起到重要的促进作用；同时，也将在云南省加快转变经济发展方式、调整经济结构、发展现代服务业和新兴产业的平台建设中发挥重要作用。

（二）省委、省政府高度重视通用航空产业发展

省委、省政府针对世界和国内通航产业的发展态势，高瞻远瞩，采取一系列措施促进云南省通航产业的发展。

（1）省政府领导直接谋划云南省通航产业发展工作

2018年以来，省领导连续多次召开专题会议，听取有关工作汇报，研究云南省通航产业发展问题，确定工作重点，指派相关部门和有关同志专人负责。省工信厅进一步加强了通航产业发展的协调工作力度，确保各项决策部署落到实处，加快云南省通用航空产业的发展。

（2）成立了通航产业发展的协调领导机构

经省政府同意，2018年，云南省成立了由

省政府领导牵头的“云南省通航产业发展协调领导小组”，在省人民政府领导下，统筹协调企业投资全省通用航空产业所涉及的相关工作；加强对云南省企业投资通用航空产业发展的宏观指导，研究解决有关企业在整合全省通用机场建设中的重大问题；协调推动全省通用航空产业发展及有关政策措施的细化和落实。

（3）继续发挥已有的民用航空联席会议、协调机制的作用

近年来，随着国家和省对发展通用航空产业高度重视，已经相继出台了一系列促进通用航空产业发展的政策措施，同时，为解决通用航空产业发展中的技术、标准、管理等问题及协调各方的利益关系，云南省已经先后于 2007 年、2014 年建立了“云南省空管工作军地联席会议”“云南省通用航空发展联席会议制度”，协调机制总体顺畅。

（4）编制《云南省通用航空产业发展规划（2018—2025 年）》

通航产业属于新兴高新技术产业，云南省在许多方面仍是发展空白。2018 年，省工信厅组织中国航空系统工程研究所编撰了《云南省通用航空产业发展规划（2018—2025 年）》，对指导和促进全省通航产业未来 7 年内的健康、快速发展，促进全省国民经济的转型升级、加快有关重点通航项目落地，促进云南省高端制造业的发展，促进全省工业的增长方式的转变，将发挥积极作用。

陕西省

一、本地区基本情况

陕西是我国航空工业重要基地，经过六十多年的建设和发展，已形成集飞机设计制造、试验试飞、产品支援、综合服务保障及教学培训为一体的较为完整的航空工业体系，综合实力居全国前列。现有航空工业企业19家、科研院所5家和中国航发企业2家，从业人员12万余人。省内为航空工业进行专业化配套的机械、电子、冶金化工企业有300多家。全省拥有25个国家重点实验室，23个国防重点实验室，32个国家级企业技术中心和347个省级企业技术中心。

航空产业园区（基地）概况

（1）西安阎良国家航空高技术产业基地。西安阎良国家航空高技术产业基地是国家发改委2004年8月批准设立的首个国家级航空产业基地，2010年6月被国务院批准为国家级经济技术开发区。目前已累计注册企业1300余家（民营企业占比超过80%），有300余家企业从事航空相关业务，已基本完成一期8千米^{2}的开发建设，二期23千米^{2}的开发建设已全面展开，初步形成了一个产业特色明显、配套条件完善、集群效应凸显的航空产业聚集区。成功举办2018中国国际航空科技创新暨通用航空发展高峰论坛。2018年规模以上工业企业总产值53.9亿元，同比增长32%。

（2）汉中航空智慧新城。规划总面积27.8千米^2，中期规划到2020年，完成各类投资500亿元，建成区15千米^2，人口达10万人；远期规划到2030年，总投资1000亿元以上，总人口达15万人，入园航空及配套企业100余家。2018年航空智慧新城实现工业总产值175亿元，固定资产投资完成21.5亿元，入园企业达36家，建成面积8千米^2。

（3）渭南蒲城通用航空产业园。园区规划占地20千米^2，主要从事飞机制造、装备、试飞及零部件加工、维修，同时建设航空培训学校、航空俱乐部等，建成后将成为以生产、研发、教育、休闲娱乐为一体的国际现代化通用航空产业园区。国家已批准园区为“中国国际通用航空大会”永久会址，已成功举办了四届通用航空大会，参展飞机数、参会企业数、签约金额逐届提升，“西安航展”的品牌效应受到业界广泛关注。

（4）西咸新区空港新城。依托陕西航空产业优势，形成航空维修、航材供应、航空零部件制造检测、航空培训等较为齐全的航空产业链，打造国内领先和知名的航空产业维修、生产基地。空港新城已被中国民航局批复为西安国家航空城实验区，是我国首家以发展航空城为定位的国家级临空经济区。

二、生产经营情况

2018年，陕西航空产业实现营业收入695亿元。全省民用航空工业实现主营业务收入81.25亿元，完成工业总产值54.83亿元，实现利润17.82亿元 。

三、主要产品

（一）民用飞机

“新舟”60/600系列飞机。“新舟”飞机实现系列化发展，“新舟”60/600飞机累计交付109架。

通用飞机。陕西航空产业发展集团与美国贝尔直升机公司合作，通过订购100架贝尔407GXP直升机，按照“运营拉动制造，市场引领发展”的总体思路，分阶段建设贝尔407GXP机型总装线及直升机运营基地项目，逐步构建集飞机生产制造、试验试飞、产品支援、综合保障及教学培训为一体的直升机产业链条。

无人机。主要以整机制造、飞控系统研发、零部件生产、飞行培训等为主，产品涵盖无人直升机、固定翼无人机、多旋翼无人机等多种机型，已初步形成了包括基础研究、研发制造、行业应用、产品销售、人员培训、检测试飞的无人机产业链。中天引控科技股份有限公司自主研制的“飞龙”一号无人机下线，任务载荷达 1.2 吨，航时 45 小时。

（二）航空发动机及燃油控制系统

涉及发动机压气机、燃烧室、涡轮、机匣等关键部件，包括盘类、环类、封严类、轴类、机匣类、涡轮叶片和压气机叶片零件及其他结构类零件等，产品零件种类过千种，为全球 20 多型发动机提供配套。航空发动机控制系统包括液压、燃油、空气控制系统等航空发动机燃油控制附件，以及近 40 种发动机控制系统附件的研制、生产与修理。

（三）航空设备及系统

涉及航空机轮、刹车装置、刹车盘片、防滑刹车系统及 PMA 产品、起落架、高升力系统、飞机电源系统、飞控系统、机载计算机、飞行环境监视系统、无线电导航系统、机载娱乐系统等。

（四）航空新材料

包括钛材、锆材等；碳纤维、织物、预制体、预浸料及复合材料制品；轻质高强度镁锂合金材料等。

（五）其他航空民用产品

包括飞机训练模拟器和工程模拟器、机场助航设备、通用航空产品、空港培训设备、飞机地面保障设备、登机桥整体调平自动装置、智能旅客登机桥、电动式钢结构机库大门和柔性堆积式机库大门、飞机照明光源、车载式助航灯具光强检测仪、无线电高度表、多普勒雷达、气象雷达、飞机除冰 / 防冰液和机场道面除冰 / 防冰液、导光控显面板等。

四、产品开发与技术进步

（一）民用飞机及部件

“新舟”700 飞机。2018 年，全面进入研制批大部件装配阶段。组建了“新舟”700 飞机试飞总师团队，编制了试飞总方案，完成了试飞测试改装方案，完成了“新舟”700 工艺流程设计及生产线规划并开始实施。西飞民机公司与华夏航空股份有限公司签署战略合作协议。双方将共同推动实现 100 架“新舟”700 飞机的购买和托管，并积极开拓市场，开展示范运营。

“新舟”系列飞机。完成安哥拉 2 架“新舟”60 飞机总装及检飞，并顺利结转；完成西北地区“新舟”60 增雨机结构改装详细设计工作，系统研制有序开展；完成“新舟”600 后机身疲劳试验年度 14000 次的目标，各项持续改进工作稳步推进。

C919 大型客机。西飞公司承担中机身、中央翼、外翼翼盒、前缘缝翼、后缘襟翼、副翼 6 个工作包研制任务，同时还承担了翼身组合体试验件研制任务。已按中国商飞计划完成翼身组合体试验件和研制批全部工作包制造交付，为 C919 飞机成功首飞提供了有力支撑。庆安集团公司与美国穆格公司以项目合作方式共同提供飞机高升力系统，均按要求完成产品交付。陕西宝成航空仪表公司完成了为 C919 大型客机配套的应急撤离信号系统 CDR 一阶段评审。中国飞机强度研究所承担飞机全机静力、疲劳、地面共振及零部件适航符合性试验，完成了四个工况全机静力试验。宝钛集团有限公司承担了 C919 飞机首飞用国产钛合金材料装机应用研究试验用料研制科研任务，并与商飞公司签订了横向科研合作合同。陕西航空电气有限责任公司研制交付 C919 电源系统样机并配合完成首飞。

ARJ21-700 新支线飞机。西飞公司承担机身、机翼、翼身整流罩等 60% 的机体研制生产任务。中国飞机强度研究所承担了全机静力试验、疲劳试验、地面共振试验、结构研发和零部件适航符合性验证试验等。西安航空计算技术研究所配套提供中央维护系统机载软件。陕西宝成航空仪表公司承担的飞机手持话筒、音乐播放器产品已批量交付。陕西宏远航空锻造公司承担 17 项飞机项目锻件研制。国营长空精密机械制造公司承担飞机前缘锋翼齿轮齿条组件研制生产，是国内唯一供应商。宝钛集团、西部超导公司承担飞机钛合金材料研制。

“蛟龙”600 大型灭火 / 水上救援水陆两栖飞机。西飞公司承担飞机水密试验件、铁鸟试验件、中机身等部件的研制任务。中国飞机强度研究所承担了强度试验关键技术研究、结构疲劳设计手册编制、全机结构优化设计、全机试验等任务。庆安公司承担了高升力系统研制，标志着庆安公司已经具备承担复杂系统级产品的研发集成能力和验证能力。西安航空制动科技有限公司作为飞机机轮和刹车控制系统供应商，为AG600飞机配套了13项产品。陕西航空电气有限责任公司完成电源系统研制交付。陕西宝成航空仪表公司完成了为AG600大型水陆两用救援/灭火飞机配套的光纤捷联航姿系统和增强型近地告警系统的陆基试飞试验和水基首飞保障工作。

“小鹰”700飞机。航空工业一飞院完成飞机首飞前全机技术、质量评审和首飞放飞评审策划等研制工作。

无人机。航空工业一飞院完成“探路星”“小鹰”500改无人机样机生产，系统集成和地面试验；完成“启明星”太阳能无人机20米翼展验证机制造集成、系统试验、滑行试验和首飞。

中国飞行试验研究院民机科研“民用飞机沉积静电适航符合性飞行试验技术”和“试飞参数测试系统在线校准技术研究”已获工信部立项批复。

（二）航空发动机

西安航空发动机（集团）有限公司已掌握对盘类零件、环形件、鼓筒轴、精密铸造、锻造叶片等近千种零件加工工艺，特种工艺保持NADCAP的9大项、33分项的特种工艺认证，部分制造技术已达到或接近国际同行先进水平。公司围绕技术创新、技术系统建设、现场技术服务与保障、材料应用与管理、科技管理等，通过不断创新改进、优化业务流程，保障各项科研生产任务顺利推进。

西安航空动力控制公司与霍尼韦尔公司联合研发民用航空发动机齿轮泵产品，已完成产品初步设计及评审、设计概念验证、详细设计及评审阶段的相关工作。民用航空业务成功争取到了“长江”-2000AX、“长江”-1000A项目合作。

（三）刹车及机轮装置

西安航空制动科技有限公司承担了“新舟”700飞机项目机轮与刹车控制系统研制，开展了机轮刹车系统原理件的设计制造。

（四）航空锻件

陕西宏远航空锻造有限公司加强管理创新，与空客合作开展的SQIP项目和公司精益改善项目取得显著成效，得到空客、波音和西飞、商飞、商发等重点战略客户的关注和认可。

（五）航空机载设备及系统

西安飞行自动控制研究所与中国商飞公司建立了良好的合作关系，在CR929宽体项目竞标中，与中国商飞及国外合作方开展积极对接协调；承担了AG600飞机部件研制，有效落实了实验计划和跟飞保障。陕西航空电气公司完成“新舟”700电源系统产品样机交付。陕西宝成航空仪表公司完成了为C919大型客机配套的应急撤离信号系统CDR一阶段评审。西安计算技术研究所天脉嵌入式操作系统突破了信息安全与多核支持等方面的多项关键技术，已在民用领域开展了多个项目的应用验证或达成合作意向，牵头完成IMA平台、机载维护系统、机载信息系统科研建议书和条件保障建议书的编制，并在工信部民机重大演示验证项目中成功立项。陕西东方航空仪表有限责任公司加强多领域型适航产品申报，发展适用通用飞机的航空产品，多种产品已扩展配套至“小鹰”500、“海鸥”300等多种小型民用飞机。陕西千山航空电子有限责任公司生产的国产民机飞参产品覆盖“新舟”系列、AG600、AC312系列等国产民机型号项目。完成了民机抛放、PHM等新技术产品预研，填补了国内空白。陕西凌云电器公司通过充分运用在无线电导航、卫星导航领域的经验，发展民用航空机载导航设备，形成了组合接收设备、无线电罗盘、测距器等军转民产品，已通过民航适航认证，并已装备多型民用飞机。

五、对外贸易与合作

2018年陕西航空单位共完成出口产值42.36亿元。

西飞公司广泛开展同波音、空客等国际知名航空制造企业的合作，先后获得空客A级供应商，波音公司“年度供应商”奖，形成了以飞机机翼为核心，以机身、垂尾、平尾、内襟翼等活动翼面为代表的机体结构大部件制造能力，2018 年出口交货值达 13.43 亿元。西航公司先后与美国通用电气、英国罗罗、法国赛峰、加拿大普惠等世界著名航空发动机制造企业建立了长期稳定的战略合作关系，并成为数家国外航空发动机公司的近百种零件的海外唯一供应商，合作方式已发展到 RSP 风险合作。庆安集团公司与法国赛峰集团、美国 UTAS 公司、穆格公司、霍尼韦尔公司、派克公司等国际民用航空机载设备公司建立了业务合作关系。公司已由简单零件供应商转向中高复杂度零组件供应商，实现了从单纯制造的价值链低端到设计研发的价值链高端转变，国际合作与转包生产层次不断提升。西安航空制动科技有限公司与赛峰起落架系统公司签署了 CR929 项目谅解备忘录，进一步巩固合作共识，共同推进 CR929 机轮刹车项目合作发展。2018 年实现外贸收入 1251 万元。西安航空动力控制公司积极承接铸件壳体类、异形件类和轴套类零件加工业务，收缩与主业关联度较低和盈利能力较差的国际合作项目。陕西宏远航空锻造有限公司主要为波音、空客、古德里奇、道蒂等公司配套生产航空锻铸件毛坯。2018 年获赛峰公司“全球最佳供应商表现奖”；与空客公司合作领域不断拓展，已从 A320 单通道客机扩展到 A350 宽体机型；已成功进入国际航空发动机研制合作领域。西安飞行自动控制研究所与美国霍尼韦尔公司、派克公司合资成立西安鸿翔飞控技术有限公司、鹏翔飞控作动系统（西安）有限公司已运营良好。陕西宝成航空仪表公司航空仪表和转包零件出口美国、德国、捷克，已被美国克瑞公司列入优先可增长战略合作供应商。陕西长空齿轮公司通过和派克、穆格、宝马三家公司合作，采用转包生产形式，为波音 787、空客 A380 提供齿轮零件、结构件等，2018 年转包生产任务收入比 2017 年增长 53%。西工大 365 所持续开拓民品、外贸市场。年度签订民品外贸合同 30 项，累计金额 7635.54 万元。

六、重大基础设施建设

（1）蒲城民机试飞跑道建设项目。项目建成后在满足国家民机适航审定任务的基础上，可依托民机试验场的核心资源，创新运营模型，实现社会资源围绕试验场进行产业布局和规划发展，打造民机试飞、通用航空、航空制造、支线运营、航空旅游等产业聚集的“一核五位”发展格局，带动区域经济发展和航空创新文化营造，形成地方经济发展新的增长极。

（2）蓝田机场建设项目。项目建设周期为 15 年，分三期实施。近期规划为通用机场及产业配套区，面积 1.6 千米 ^{2}，投资 20 亿元，建设周期为 5 年。为加快推进蓝田机场项目，通航公司于 2017 年 11 月至 2018 年 5 月入驻西安市蓝田县进行集中办公，加强与蓝田县相关部门的工作对接。2018 年 11 月 23 日，与蓝田县签订项目合作框架并起草园区规划建设方案及土地工作方案，细化项目工序统筹图。目前正积极筹备项目资料，全力推进项目进展。

（3）工业类无人机产业化生产线建设项目。此项目为爱生无人机西咸新区发展有限公司“沣西无人机产业化示范基地”建设子项目，总投资 1.1 亿元，拟建设现代化工业类无人机制造生产线批量生产厂房以及生产制造技术研发楼（总建筑面积约 5 万米 ^{2}），购置生产制造、装配测量、系统测试等设备 110 多台（套）。建成年生产能力达 300 架的工业类无人机产业化生产线。

（4）LEAP 发动机零部件生产线技术改造项目。由西航集团莱特航空制造公司建设，总投资 5000 万元，在充分利用公司现有条件和生产能力下，购置立式加工中心等生产检测设备 15 台（套），改造拉床 2 台，开展 LEAP 发动机零部件生产线技术改造建设工作，实现产业升级。建成后可形成年 3610 件生产能力，加快引进新一代 LEAP 航空发动机的先进制造技术，提升公司参与新一代航空发动机制造的生产规模与技术能力，保持公司在行业中的领先地位。

（5）高安全数据处理系统产业化项目。由陕西千山航空电子有限责任公司建设，总投资 1.8 亿元，新建装配厂房、试验厂房、综合生产厂房、动力站、污水处理站等，共新增建筑面积约 12000 米 ^{2}，新增工艺设备 82 台（套），项目建成投产后达到每年 372 套产品的能力，项目的实施有利于推进高安全数据处理系统领域技术进步，缩小与国外的差距。

（6）高精度航姿系统产业化项目。由陕西宝成航空仪表有限责任公司建设，总投资 1.8

亿元。在公司现有土地上进行高精度航姿系统及相关器件生产装配厂房建设和综合能力提升，新增生产厂房 3800 米^2，改造厂房 4000 米^2，新增设备 151 台（套）。项目达产后，可新增高精度航姿系统 343 套 / 年、陀螺和加速度计 3274 只 / 年、精密导电滑环精密传感器 11450 只 / 年。

七、行业管理

（1）与中国商飞公司签订《战略合作框架协议》。2018 年 4 月 11 日，陕西省政府与中国商飞公司在上海签订《战略合作框架协议》。为将协议落实落细，5 月 17 日，陕西省委军民融合委领导会见德国先进宇航公司高层，陕西省工信厅、陕西省外事办和西安飞机工业（集团）有限责任公司负责同志陪同会见；6 月 7 日，陕西省委军民融合办组织召开民机项目需求对接暨合作洽谈会，推进中国商飞公司和陕西战略合作的步伐。

（2）支持天驹航空在陕发展支线航空。陕西省委军民融合办支持陕西天驹航空筹建和购机，对天驹航空在陕发展支线航空给予全力支持，通过多种渠道推动公司筹建申请尽快获批。

（3）举办“航空航天 · 协作配套”成果展。2018 年 5 月 11 日至 15 日，第三届丝绸之路国际博览会暨中国东西部合作与投资贸易洽谈会期间，陕西省委军民融合办、陕西省工信厅、陕西省中小企业局联合举办“航空航天 · 协作配套”成果展。22 家军工企事业单位和科研院所集中展示了北斗示范应用、反无人机、航空新材料、自动安全驾驶系统、应急服务、虚拟现实 VR 等 8 个领域军民融合最新技术和产品。

（4）加强与中国商飞公司的沟通联络。为进一步落实中国商飞公司与陕西省签署的战略合作协议，加强业务交流，2018 年 8 月 20 日至 21 日，中国商飞公司副总经理带领公司采购部、上海飞机设计研究院和 CR929 项目办等部门负责同志，来陕考察 CR929 项目合作有关事宜。

（5）陕西与中国民航局举行战略合作座谈会并签署合作协议。2018 年 11 月 7 日，陕西与中国民航局战略合作座谈会暨签约仪式在西安举行。根据协议，陕西将与中国民航局共同推进西安国际航空枢纽建设、提升机场建设运行品质和服务保障水平、推动通用航空产业聚合发展、促进陕西临空经济及航空产业发展，为陕西省打造陆空内外联动、东西双向互济对外开放新格局提供有力支撑。

（6）西安航空基地产业联盟成立。2018 年 11 月 16 日，西安航空基地产业联盟成立大会暨国有民营企业面对面交流会成功举办。来自西飞公司、一飞院、试飞院、强度所及辖区军民融合企事业单位和各类服务机构等共计 80 余家单位的 200 余名嘉宾齐聚一堂，共商发展，见证军民融合产业联盟的成立。

（7）陕西与航空工业集团签署协议共同增资 67 亿元加快国产民机发展。2018 年 11 月 17 日，陕西与中国航空工业集团有限公司签署深化国产民机产业发展合作以及西飞民机增资、支持幸福航空发展等系列协议。根据协议，陕西省与航空工业集团将共同对航空工业西飞民机公司新增股权投资 67 亿元，为企业后续快速发展提供强有力的支撑。

（8）突出航空特色助推富阎一体化发展。为贯彻落实陕西省委、省政府《关于支持富阎一体化发展的指导意见》（陕发〔2017〕23 号）和十三届陕西省委军民融合委第二次全体会议精神，切实推动富平、阎良以军民融合为主题一体化发展，陕西省委军民融合办牵头制定了《军民融合助推富阎一体化发展 2018 年行动计划》，着力创建航空特色的省级军民融合创新示范区，为打造中国航空城、国家一流军民融合创新示范区夯实基础。2018 年 11 月 24 日，西安市阎良区以“军地携手深度合作争创航空特色军民融合示范区”为主题，召开阎良区军民融合大会。西安市政府、航空工业第一飞机设计研究院、中国飞机强度研究所、中国飞行试验研究所和阎良区主要负责同志，驻区各企事业单位 100 余名代表参会。

（9）召开民机产业链推进会。2018 年 12 月 27 日，陕西省国防科技工业办公室在富阎产业合作园召开了民机产业链推进会。此次会议旨在落实陕西省政府与中国航空工业集团有限公司签署的民机产业合作协议，加快打造陕西省民用飞机产业链，促进陕西航空产业进一步做大做强。

甘肃省

一、本地区基本情况

2018年，甘肃省现有涉及航空类企业8家，分别是航空工业万里机电有限责任公司、航空工业兰州飞行控制有限责任公司、航空工业天水飞机工业有限责任公司、甘肃长风电子科技有限责任公司、神龙航空科技有限公司（简称神龙航空）、甘肃澳雷通用航空有限公司、甘肃席勒航空工业有限公司和甘肃东舟公共飞行服务有限公司。其中，前3家公司隶属于中国航空工业集团有限公司，目前，仅有1家企业即神龙航空科技有限公司纳入中国民用航空工业统计。

甘肃省航空产业主要业务为六大类：一是自动驾驶仪及控制增稳系统；二是电动舵机类产品；三是有人机、无人机雷达设备研发生产；四是军机、民用航空类飞机及民用航空雷达维修；五是无人机整机的生产组装及配件生产；六是医疗救护，空中游览，飞行驾驶执照培训，航空器代管，航空摄影，城市消防等众多民用服务类业务。民用航空产品主要以无人直升机为主，产品类型单一，此外，通航运营、航空培训、通航维修等业务刚刚起步，产业体系仍待完善。

神龙航空科技有限公司，是一家拥有自主知识产权，专门从事无人机和通用航空轻型飞行器研发、生产及培训为一体的高技术民营企业。作为西北唯一一家生产无人直升机和通用飞机的企业，持有无人机生产资质及驾驶员、机长培训资质，也是西北地区无人机驾驶员、机长执照考试的唯一考点，被列为国家科技部"十二五"科技支撑计划、国家公共安全应急装备关键技术研究与装备研制项目任务单位。经过近20年的技术积淀，神龙航空已掌握多项无人机核心技术，拥有双杠对置式航空发动机、新材料机架结构、设备搭载云台，实用型发明专利和技术创新成果26项；成功开发出工程应用型无人直升机等8个系列32种机型；自主研发的高性能数字信号传输系统及52毫升和80毫升无人直升机专用航空发动机处于无人机行业的领先地位。SLA系列无人直升机已被广泛应用于影视空中拍摄、地震洪涝灾情调查、森林火情监测、消防侦察、边境巡逻、地质勘察、环境监测、城镇规划、电力巡线、特高压输电线路架设、农业植保精准化作业、农作物灾情调查、农作物疾病防治及估产等诸多领域，产品性能也在实践飞行中得到了社会各界的普遍认可和好评。特别是拥有自主知识产权的神龙WILD THING–02（瓦尔辛 –02）轻型双座固定翼载人飞机成功下线，进一步完善了神龙航空系列产品，奠定了西部通用航空的领先位置和轻型通用飞机的市场先机。作为西北最大的无人机及轻型通用飞机生产基地，神龙航空在自主设计、研发、制造无人直升机的同时，与北京航空航天大学、西北工业大学、上海同济大学、兰州交通大学等多所大学进行产学研合作，并与材料专家孙卓院士联合建立了"神龙院士工作站"，为公司发展奠定了强大的科技人才支撑。

二、生产经营情况

2018年，生产无人机1345架、通用轻型飞机3架、双座动力伞22架，实现工业总产值8645.48万元，比2017年增长了0.5%。

三、主要产品

（一）飞行器系列

SLA–GH26、SLA–GH52、SLA–GH111、SLA–GH111H2、SLA–GH111H3、SLA–GH111H4、SLA–GH170、SLA–GH170H1、SLA–GH170H2、SLA–GH170H3、SLA–GH190、SLA–GH190H1、SLA–GH500、SLA—GH1000旋翼式

无人直升机，SLA-D26H 电动旋翼式无人机，SLA-D6×0.75Z、SLA-D8×0.75Z 多轴飞行器，SLA-30、SLA-50、SLA-60、SLA-90 航模运动旋翼式无人机，SLA-521-I 型软翼飞行器，WILD THING（瓦尔辛）双座单发轻型固定翼飞机。

（二）航空发动机

SLA52 毫升、80 毫升无人直升机双缸对置活塞式专用航空发动机。

（三）航空配套产品

SLA 两轴云台、SLA 起落架联动两轴云台，SLA 三轴云台、SLA 起落架联动三轴云台，SLA 两轴托板云台，SLA 质子磁力仪抗干扰挂载云台，SLA 防凌破冰炸药自动投放引爆系统，SLA 农药植保施药系统，SLA 生命探测仪挂载云台，SLA 警用高空视频音频传输系统、利用北斗导航的无人直升机自动驾驶系统。

（四）航空维修改装及服务

航空维修主要发展工程类 SLA-GH260、SLA-GH520、SLA-GH111、SLA-GH170、SLA-GH500、SLA-521-I 型软翼飞行器、SLA-D6×0.75 多轴飞行器、SLA-D8×0.75 多轴飞行器及 WILD THING（瓦尔辛）双座单发轻型固定翼飞机等机型的维修、托管作业承包等服务。

（五）人员培训

该公司取得无人驾驶航空器系统驾驶员训练机构合格证（AOPA 颁发）后，已先后培训无人驾驶航空器系统驾驶员 550 人。同时与甘肃交通职业技术学院、白银矿冶职业技术学院等大专院校签订了联合开办无人机专业培训的意向协议。

四、产品开发与技术进步

新产品的开发主要围绕 WILD THING（瓦尔辛）双座单发轻型固定翼飞机及 SLA-GH1000 旋翼式无人直升机工程化应用开展研发，在现有机型的基础上，生产开发出了 SLA-GH111H2、SLA-GH111H3、SLA-GH111H4、SLA-GH170H1、SLA-GH170H2、SLA-GH170H3、SLA-GH190H1、SLA-GH500、SLA-GH1000 等多种机型，其中 SLA-GH1000 有效任务载荷可达 100 千克以上，极大地提升了执行任务的能力。在自主研发的 52 毫升双缸对置式活塞汽油发动机的基础上，又成功研制了 80 毫升风冷双缸对置式汽油发动机，实现了无人直升机发动机的国产化，经过长期载荷试验运行，现已定型并能实现量产，动力系统具备长寿命、低油耗、高推重比的要求，为企业批量生产奠定了基础。

WILD THING（瓦尔辛）双座单发轻型固定翼飞机，是公司消化吸收德国技术，自主研发的第一款载人固定翼飞机，该飞机具有安全系数高、飞行稳定、操作简单、对起降场地要求低等优点，2018 年底已经完成该机地面滑行验证工作。

2018 年，先后完成了“基于北斗卫星的无人机监测 / 定位集成系统”“采集空中信息的机载云台装置研究及其应用”“SLA-GH582-I 载人软翼飞行器研制”“农业植保无人直升机施药系统应用技术研究”四项科技项目，并取得了相应成果。

截至 2018 年底，已取得 28 项发明专利和实用新型专利技术，其中发明专利 5 项，实用新型专利 23 项，另有“一种抱箍式大型无人机尾管承载固定装置”“一种高效的无人机半圆弧同步带传动装置”“一种无人机发动机启动离合装置”“一种新型燃油无人机自动控温冷却散热系统”等四项技术正在申报发明专利或实用新型技术。

五、重大基础设施建设

总投资 66000 万元，占地 86 亩的年产 500 架无人机及轻型通用飞机生产基地项目已经进入建设施工阶段，各项工作正在有序推进。

六、对外贸易与合作

坚持自主创新的基础上，采取“走出去、请进来”的策略。2018 年神龙航空邀请了亚太材料科学院（APAM）孙卓院士组建了“神龙院士工作站”开展航空材料的科学研究。在研发基于北斗导航的无人直升机自动驾驶系统时，神龙航空与兰州理工大学合作，引进该校博士、教授李策作为项目带头人，负责项目总体设计，提高关键技术的研发能力。2018 年，还通过甘肃省外国专家局，聘用了德国、罗马尼亚等国家的经济技术专家 4 人，专门负责 WILD THING（瓦尔辛）双座单发轻型固定翼飞机项目进度管理监督，负责拟组建的飞行员培训学校的体系建设及教学管理工作，负责该公司所有与轻型载人飞机相关的配套产品引进及国际市场开拓等工作。

2018 年，白银神龙航空科技有限公司被甘肃省外国专家局授予“甘肃省引进外国智力示范单位”称号。

第三部分

企业发展概况

中国航空工业集团有限公司

一、企业基本情况

中国航空工业集团有限公司（简称航空工业集团）是由中央管理的国有特大型企业，是国家授权投资的机构，2008 年 11 月 6 日由原中国航空工业第一、第二集团公司重组整合而成。航空工业集团设有航空武器装备、民用运输类飞机、直升机、通用飞机、机载系统与汽车零部件、通用航空、航空研究、飞行试验、航空供应链与军贸、专用装备、汽车零部件、资产管理、金融、工程建设等产业，下辖 100 余家成员单位、28 家上市公司，员工逾 45 万人。

航空工业集团将“寓军于民、军民融合”作为重要发展原则，以新理念、新思路、新举措大力发展民用飞机产业，自主研制 AG600 大型水陆两栖飞机，系列发展“新舟”60、“新舟”600、“新舟”700 等“新舟”系列支线飞机，AC311、AC312、AC313、AC352 等 AC 系列民用直升机，大力发展运 12 系列，“海鸥”300、SF50 轻型公务机，AG50 等 AG 系列通用飞机，全力支持 C919 大型客机、ARJ21 新支线飞机发展；承接国际航空转包生产任务并成为优秀供应商；同时，航空工业集团还大力发展飞机租赁、通用航空、航空运输等服务业务。积极实施型号牵引与技术推动相结合的民用飞机科研项目，完善民用飞机技术体系，突破瓶颈技术和关键技术，注重成果转化和加快技术成熟，为型号研制提供技术支撑；大力开拓民用飞机维修、运营、客户支援与服务等业务领域，致力于打造民用航空产业链，实现民用航空跨越式发展。

二、生产经营情况

2018 年，航空工业集团实现经营收入 4388 亿元，同比增长 8%，实现利润 182.6 亿元，同比增长 6%。在民用航空产业方面，民用航空业务收入为 210.4 亿元，同比增长 11%。交付各类民机 467 架。转包生产和国际合作交付额达 19.4 亿美元，同比增长 10.23%。

三、主要产品

2018 年航空工业集团在产在销的主要民机产品有：“新舟”60/600 涡桨支线飞机及以客机为平台改进的多种用途飞机；AC311、AC312、AC313 民用直升机，运 12 系列、“小鹰”500、运 5B 通用飞机，A2C 超轻型水上飞机、载人观光球等。

四、产品开发与技术进步

（一）民机型号研制项目

2018 年，航空工业集团承担的民机型号研制项目进展顺利，取得了不错的成绩。AG600 飞机成功实现水上首飞；“新舟”700 完成详细设计阶段的研制工作，启动零件制造；AC352 持续开展调整试飞。AC312E 完成次高原、高原试飞科目。

航空工业集团作为 C919 和 ARJ21 主要供应商和合作伙伴，积极支持中国商飞，开展了大量工作。ARJ21-700 飞机项目，2018 年共交付 15 架份的机头、机身、机翼、尾段、电缆、吊挂等机体部件，圆满完成大侧风适航审定试飞任务和年度全机疲劳试验任务目标。C919 大型客机项目，研制生产交付了 103、104、105 架飞机的雷达罩、机头、机身、机翼、尾段等机体主要部件，圆满完成 01 架机 2.5g（机动平衡工况）极限载荷静力试验及 101 架机等年度试飞任务，支持中国商飞实现 103 架机首飞。各架份飞机结构部件、机载系统及产品的研制、交付满足项目需求，实现了首架份国内组装的起落架交付。

（二）重点型号研制进展

新型涡桨支线飞机项目“新舟”700（MA700）。

MA700 项目完成详细设计阶段的研制工作，启动零件制造。完成全机机体结构数模发放，各系统 / 设备研制工作同步开展，部分机体结构开始组件装配。

大型水陆两栖飞机项目（AG600）。AG600 完成水面低、中速滑行试验，通过中国民航局制造符合性检查获得特许飞行证，成功召开首飞技术质量评审和首飞放飞评审，完成首飞前各项准备工作，并于 2018 年 10 月 20 日实现水上首飞。习近平总书记发来贺电，李克强总理做出重要批示。

先进中型多用途直升机项目（AC352）。AC352 完成测试改装，并获得特许飞行证，实现 PT02 架机首飞后复飞，持续开展调整试飞。

五、对外贸易与合作

（一）航空零部件转包生产

2018 年，航空工业集团航空零部件转包生产业务继续保持快速发展。航空零部件转包生产项目持续按时、高质量稳定交付。与空客签署了 A320 机翼完整系统安装项目合同，中航飞机升级成为空客一级供应商，将生产速率从 4 架 / 月提升至 6 架 / 月；A220（C 系列）飞机部件批产上速率工作稳步推进，前机身和后筒段累计实现了百架交付；波音 737MAX 48 段、G280 机头等项目实现了首架产品交付。与空客合资的哈飞空客公司收入持续增长，并首次实现扭亏为盈。2018 年 4 月，西飞荣获空客供应商“最佳表现奖”。2018 年 11 月，西飞与波音签署了 1800 架波音 737 垂尾后续合同。

（二）国际经济技术合作

在战略层面上，2018 年航空工业集团与空客、波音、庞巴迪等合作伙伴继续保持高层互访和沟通交流机制，积极参加国家发改委与空客、波音的年度合作峰会，积极协调、配合国家发改委持续推动与空客、波音扩大和深化工业合作。

在工作层面上，2018 年组织所属单位积极参加波音、空客的供应商大会，联合召开多次协调会议，增进交流，协调推进现有合作项目，积极争取潜在合作机会。

在客舱业务整合和对外合作方面，完成中航客舱系统公司组建，启动相关企业股权整合工作；首架份线装国产座椅在空客天津总装线交付华夏航空，2018 年度共交付为波音、空客飞机配套 17 架份座椅；累计获得波音、空客等超过 230 架份座椅订单。先后获得空客 A320 内饰、厨房等新订单。与 Diehl 航空签订合作备忘录，达成采购、供应链、制造及市场营销等合作意向。2018 年 11 月，航宇嘉泰获得波音“供应商资质奖”，表彰其在单通道商务舱座椅认证上的工作成效。

在深化与波音工程设计领域合作方面取得新突破。航空工业集团与波音签署扩大工程设计合作协议，拟从制造工程（设计）支持方面起步，逐步开展设计、研发的合作。这是航空工业集团与波音经过 30 多年在生产制造领域合作的基础上，提升合作水平非常重要的一步。

在培训合作方面，航空工业集团－波音制造创新中心（MIC）截至 2018 年底，累计培训超过 5700 人次；2018 年度与空客联合组织 10 期“提质增效”专题培训，参加人员达 300 余人次。

六、通航运营

航空工业集团共有通航运营企业 24 家，其中 23 家在国内运营，1 家在海外运营，主运营基地分布于全国 16 个省或自治区，从事航空护林、人工增雨、遥感物探、飞行培训、通勤运输等通航业务，作业范围覆盖全国除中国台湾的所有省份，航空工业通航运营企业机队规模 313 架，拥有飞行员约 500 人，年飞行量约 10 万小时。

为持续深入贯彻集团党组《关于加快通用航空产业发展的决定》，2018 年航空工业集团举办了第二届航空工业全国“通航日”活动，内容涵盖主题论坛、产品展示、科普宣传、厂所开放等活动，形式多样，内容丰富，期间吸引了大量的学生、业内人士参与其中，扩大了航空工业的影响力，发挥了航空工业集团在通用航空领域的引领作用，受到了业内人士的高度评价。

2018 年 11 月珠海航展期间，航空工业集团首次发布《通用航空发展白皮书（2018）》。

航空工业集团在白皮书中提出：按照“市场导向，开放发展。军民融合，创新发展。”的通航发展原则，有所为有所不为，与全社会共同合作推动产业发展。

为深入贯彻落实国务院关于加快通用航空业发展的战略部署，促进大众创业、万众创新，航空工业集团联合国内知名大学、学（协）会、研究单位、投资机构于2018年创办了第一届中国通用航空创新创业大赛，营造全社会参与通航的氛围。大赛受到社会的广泛关注，212个项目参赛，历时4个月，多个项目得到了投资机构的青睐，为项目落地找到了有效的途径，同时也践行了航空工业集团协同社会资源共同发展通航产业的承诺。

中国商用飞机有限责任公司

一、企业基本情况

中国商用飞机有限责任公司（简称中国商飞公司）是实施国家大型飞机重大专项中大型客机项目的主体，也是统筹干线飞机和支线飞机发展、实现我国民用飞机产业化的主要载体。中国商飞公司经国务院批准成立，由国务院国资委、上海国盛（集团）有限公司、中国航空工业集团有限公司、中国铝业股份有限公司、中国宝武钢铁集团有限公司和中国中化股份有限公司出资组建，2008 年 5 月 11 日在上海成立，注册资本 242 亿元，总部设在上海。2018 年增资扩股方案获国务院批准，首批资本金到位，新增中国电子科技集团有限公司、中国建材集团有限公司和中国国新控股有限责任公司三家股东单位。

中国商飞公司的主营业务是：从事民用飞机及相关产品的设计、研制、生产、改装、试飞、销售、运营、维修、服务、技术开发和技术咨询；与民用飞机生产、销售相关的租赁和金融服务；经营本公司或代理所属单位进出口业务；承接飞机零部件的加工生产业务；从事业务范围内的投融资、外贸流通经营、国际合作、对外工程承包和对外技术、劳务合作等业务以及经国家批准或允许的其他业务。

中国商飞公司使命是“让中国的大飞机翱翔蓝天”，愿景是“为客户提供更加安全、经济、舒适、环保的民用飞机”，目标是“把大型客机项目建设成为新时代改革开放的标志性工程，建设创新型国家和制造强国的标志性工程，把公司建设成世界一流航空企业”。

截至 2018 年底，公司所属单位有上海飞机设计研究院、上海飞机制造有限公司、上海飞机客户服务有限公司、北京民用飞机技术研究中心、中国商飞民用飞机试飞中心、上海航空工业（集团）有限公司、上海《大飞机》杂志社有限公司、中国商飞美国公司、中国商飞四川分公司、商飞资本有限公司、商飞集团财务有限责任公司。与俄罗斯联合航空制造集团公司（UAC）合资成立中俄国际商用飞机有限责任公司，作为 CR929 宽体客机研制主体。设立美国办事处、欧洲办事处，参股中国航空发动机集团有限公司、成都航空公司、浦银金融租赁公司等。截至 2018 年底，中国商飞公司从业人员 12441 人。

二、生产经营情况

2018 年，中国商飞公司以习近平新时代中国特色社会主义思想为指导，贯彻落实习近平总书记关于大飞机事业重要指示精神，落实公司第一次党代会精神，扎实推进产品研制经营和公司发展建设。ARJ21 新支线飞机市场开拓取得重大突破，航线运营安全平稳；C919 大型客机完成重大试验，103 架机成功首飞；CR929 宽体客机确定总体技术方案，展示样机精彩亮相；推进全面深化改革，破解发展难题，完善管理体系，提升专业能力，打造万人精兵，夯实基础基层基本功，全年实现营业收入 55.13 亿元，向着“三个一”阶段目标迈出了坚实步伐。

三、主要产品

（一）C919 大型客机

C919 大型客机是我国自行研制、具有自主知识产权的中短程窄体客机，156 ~ 168 座，航程 4075 ~ 5555 千米。2007 年立项，2008 年开始研制，2010 年中国民用航空局正式受理型号合格证申请，2015 年总装下线。2017 年 5 月 5 日成功首飞，标志着项目研制取得重大突破。2017 年 11 月 10 日顺利转场，全面开启适航取证新阶段。2017 年 12 月 17 日，第二架飞机成功首飞。

2018 年，C919 大型客机新增订单 30 架，累计订单 815 架。2018 年 7 月 12 日，C919 大

型客机完成2.5g极限载荷静力试验等关键试验，完成电源、航电、主飞控等软件集成试验；两架试飞机多地试飞，正常模式控制律试飞取得突破。11月23日，在第二届中国工业设计展览会上，C919大型客机驾驶舱等获评全国十大金奖设计作品；12月28日，C919大型客机103架机圆满完成首飞。

（二）ARJ21新支线飞机

ARJ21新支线飞机是我国首次按照国际民航规章自行研制、具有自主知识产权的支线飞机，78～90座，航程2225～3700千米。2002年立项，2008年首飞，2014年取得中国民用航空局型号合格证。2015年11月交付首家用户成都航空公司。2016年6月投入商业运营，标志着我国航线上首次拥有了自己研制的喷气客机。2017年7月取得生产许可证，实现批量生产。2017年12月取得CCAR-142部合格证，公司建立起符合民航规章要求的飞行训练体系。2018年新增订单95架，累计订单528架。

2018年2月27日至4月8日，ARJ21新支线飞机的104架试飞飞机赴冰岛进行大侧风试飞并圆满完成试飞任务；3月20日至30日，ARJ21新支线飞机圆满完成呼和浩特往返乌兰浩特航线运行；5月2日，ARJ21新支线飞机正式在黑龙江省载客运营，“以哈尔滨为中心枢纽，进行基地化区域化运营”的新模式正式开启；12月25日，中国商飞公司与海航集团联合在海口举行ARJ21新支线飞机演示飞行活动。

2018年，ARJ21新支线飞机生产15架机，交付10架机。围绕批产提速目标，优化批产交付体系，实施模块化、智能化制造，开展工艺优化，初步建成生产运营管控平台。2018年，成都航空运营ARJ21新支线飞机达到10架，累计运营航线21条、通航城市24个、飞行8000余小时、载客近23万人次。

四、新产品开发

CR929宽体客机是中俄两国重大战略性合作项目。基本型座级280座，航程12000千米。2014年5月，中俄两国签署合作备忘录。2016年6月25日，在中俄两国元首见证下，签署政府间合作协议和企业间合资合同。2017年5月22日，双方合资组建的“中俄国际商用飞机有限责任公司”在上海挂牌成立。2017年9月28日通过G2转阶段中俄联合评审。2017年9月29日，型号正式命名为CR929。2018年，CR929宽体客机确定总体技术方案，完成联合概念定义（JCDP），复材前机身全尺寸筒段试验件下线，展示样机亮相珠海航展。

五、航空科研

2018年，习近平总书记多次对大飞机事业作出重要指示，强调要实现关键核心技术自主可控、加快追赶国际先进水平，着力引领产业向中高端迈进。中国商飞公司成立四个课题组，聚焦“四个主题”开展大学习、大调研、大讨论，围绕大飞机产业链和产品全生命周期，梳理短板弱项，明确目标思路，细化措施计划，不折不扣推动习近平总书记重要指示精神在大飞机事业落地生根。10项成果获上海市科学技术奖，新增专利授权186件；举办COMAC国际科技创新周；大数据应用项目获2018年度“上海产学研合作优秀项目奖”唯一特等奖。

六、国际经济技术合作

2018年，中国商飞公司充分利用全球资源，构建全球供应链，积极开展国际合作，建设“以中国商飞公司为核心，联合航空工业集团，辐射全国，面向全球”的民机产业体系。加强对全球14个国家和地区、304家二级一类以上供应商的管理，与国外16家教育培训机构开展人才培养合作，与波音公司共建航空节能减排技术中心，与空客公司开展非竞争领域合作，与GE公司签署大数据技术合作框架协议。

七、进出口业务

2018年，中国商飞公司与美国波音公司在舟山共同合资的波音737完工和交付中心交付首架飞机，飞机由中国国际航空公司接收。舟山波音完工和交付中心是波音公司首个在海外的此类工厂，占地40多公顷[①]，将覆盖整个波音737MAX飞机家族。完成13家合资公司能力评估，驻国

① 1公顷=10000米^2。

外供应商代表室探索本地化管理模式，防范境外风险，加强合同风险管控。

八、重大设施建设

2018 年，中国商飞公司建成统一软件开发环境 CMOS 系统和 PLM 平台上线运行，完成新一代数字平台一期建设，启动 ERP 二期建设，完成财务共享中心一期建设；完善数据治理体系和数据技术体系，提升数据管理和分析服务能力；结合 CMOS 平台落实信息资产全生命周期安全管理要求；推进智能车间、智能生产线、智能工厂建设；上飞院技术协作中心、试飞中心祝桥基地投入使用；北研中心多电航电实验室、上飞公司培训中心等完工；上飞公司倒班楼二期、东营试飞综合楼开工。民机示范产业园一期生活服务中心基本完工。

九、资本运营

2018 年，中国商飞公司围绕产融结合，深化与央企、银行、租赁公司合作。为集合社会化资本、投资完善公司产业链，成立商飞资本有限公司作为公司的投资平台和持股平台，现已完成工商注册。为加强资金管控能力，公司整合、协同各类产业资源，维护公司乃至产业链合理、稳健的现金流；控制批产成本，管控型号经费，提升基建项目财务管理水平；推进存货和应收款项压控；完善预算管控、内控管理等体系，推进财务共享中心、ERP 系统、网报系统建设。

十、机构调整和体制改革

2018 年，中国商飞公司围绕国家关于国有企业改革的总体部署和要求，全面推进公司深化改革工作，加快建设 COMAC 管理体系；设立二级单位董事会，上飞院组建“五所四中心”，客服公司组建运行支持部门。复材中心、维修交付中心挂牌成立。中国民航局首个驻工业方适航办公室在中国商飞公司成立。

中国航空发动机集团有限公司

一、企业基本情况

中国航空发动机集团有限公司（简称中国航发）是中央直接管理的军工企业，由国资委、北京国有资本经营管理中心、中国航空工业集团有限公司、中国商用飞机有限责任公司共同出资组建。中国航发注册资本为500亿元，注册地位于北京市海淀区，2016年8月28日成立，下辖28家直属企事业单位，拥有3家主板上市公司，现有职工8.3万人，拥有包括6名院士、200余名国家级专家学者在内的一大批高素质、创新型科技人才。建有多个国防科技重点实验室、创新中心，具有较强的科研生产能力，以及较为完整的军民用航空发动机、燃气轮机研发制造体系与试验检测能力。

中国航发秉承“动力强军、科技报国”的集团使命，坚持“动力为本、质量制胜、人才强企、合作共赢”的经营方针，从事航空发动机、辅助动力、燃气轮机、飞机和直升机传动系统的研制、生产、维修和服务，以及航空材料及其他先进材料的研发与制造。中国航发设计生产的涡喷、涡扇、涡轴、涡桨、活塞发动机和燃气轮机等产品，广泛配装于各类军民用飞机、直升机和大型舰艇、中小型发电机组，客户涉及航空、航天、船舶、能源等多个领域，为我国国防武器装备建设和国民经济发展做出了突出贡献。

在新时代伟大征程上，中国航发承载着振兴航空动力的光荣使命，中国航发以习近平新时代中国特色社会主义思想为指引，树牢“四个意识”，坚定“四个自信”，做到“两个维护”，深入贯彻党中央、国务院和中央军委各项决策部署，积极践行“创新、协调、绿色、开放、共享”五大发展理念，始终秉持“国家利益至上”的价值观，充分发扬“务实创新、担当奉献”精神，坚持聚焦主业，努力做航空动力的保障者、制造强国的建设者和创新驱动发展的践行者，为早日建成世界一流航空发动机集团而奋力拼搏。

二、生产经营情况

2018年，中国航发累计实现营业收入449.1亿元，实现利润总额26.5亿元，其中，实现航空民品收入39.4亿元。

三、主要产品

中国航发民用航空产品主要有WZ8A/D、WJ6、HS9等发动机产品，以及配装AC311、AC312、AC313、AC352/H175等民用直升机的传动系统。2018年民用发动机没有新的订单和交付，民用直升机传动系统共交付40套。

四、新产品开发

在民用航空发动机方面，针对国产干线客机需求，正开展大型客机发动机验证机（“长江”-1000AX）和原型机（“长江”-1000A）研制。其中，“长江”-1000AX实现首台整机点火并达到中高转速运转；“长江”-1000A完成首台整机装配，首台核心机实现大气进气状态下100%转速稳定运转。针对中法联合研制的AC352中型直升机需求，正开展涡轴-16发动机对法合作研制，通过加大与局方和合作方的沟通力度，完成了主要的适航取证试验和大部分中方份额资料审查，保障直升机进行取证试飞，并积极推进法方份额资料审查。为满足5～6吨级民用直升机对动力的需求，正开展1000千瓦级民用涡轴发动机（AES100）研制，实现了核心机性能达标和整机100%转速运转。为满足新一代民用“新舟”700系列支线涡桨飞机等对动力的需求，正开展5000千瓦级民用涡桨发动机工程验证机（AEP500）研制，实现了核心机100%转速运转和燃气发生器点火。

同时，积极开展宽体客机发动机及新构型技术验证、新一代民用涡轴、涡桨发动机关键技术研究与验证工作，为型号研制奠定基础。

在民用直升机传动系统方面，深入论证现役直升机传动系统改进升级，并积极开展未来 5 ~ 6 吨级直升机传动系统研制工作。

五、航空零部件转包生产

2018 年，中国航发积极推进国际转包转型升级，航空零部件转包生产主要为 GE 航空、赛峰、罗罗、普惠加拿大、普惠、霍尼韦尔等国际主要航空发动机厂商提供零件产品。全年航空零部件转包生产交付额约 5.4 亿美元，约占集团转包交付总额的 83%。

六、国际经济技术合作

2018 年，中国航发坚持推进国际合作向服务自主创新能力和技术水平提升转型，积极拓宽对外合作渠道，深化与国际主要航空发动机企业的合作，与霍尼韦尔公司召开了首届战略指导委员会会议，与罗罗签署了战略合作意向书。在工业和信息化部、商务部指导下，积极参与中法、中英、中荷、中欧、中俄等民用航空工作组合作，与国外高校、研究机构开展联合研究项目，新建 2 个联合技术中心、1 个联合创新中心。首次作为中国航展主办单位，携 15 项典型展品亮相第十二届中国国际航空航天博览会，展示集团成立两年来的新成果和新变化，获得社会各界高度关注，并借助航展平台开展 40 余场商务活动，进一步加深了与国内外合作伙伴的交流合作。

七、机构调整和体制改革

2018 年，中国航发坚持聚焦主业，坚持深化改革，根据内外部环境变化和运营需求，对集团总部部门机构进行了优化调整。完成中国航发南京轻型航空动力有限公司管理关系调整，进一步压缩主机业务管理链条。设立中国航发集团财务有限公司，着力打造优化资源配置、节约融资成本、防控资金风险、实现产融结合的专业化平台。稳步推进体制机制改革，全面推动中国航发商用航空发动机有限责任公司、中国航发湖南南方宇航工业有限公司（简称南方宇航）实施“双百行动”综合改革，并争取集团有关单位进入国家第四批混改试点企业名单；积极引进外部股东开展南方宇航混改试点；推进中国航发控制系统研究所转制。推动人才队伍建设，进一步完善人才考核评价机制，与北京航空航天大学共建航空发动机研究院和国际学院，成立中英、中法、中俄联合教育研究中心，成立中国航发职业技能鉴定指导中心，培养航空发动机领域高端人才。加强创新平台建设，挂牌成立 8 个集团重点实验室，设立 2 个集团技术创新中心。

中国航天科工集团有限公司

一、企业基本情况

中国航天科工集团有限公司（简称航天科工）是中央直接管理的国有特大型高科技企业，前身为1956年10月成立的国防部第五研究院，先后经历了第七机械工业部（1981年9月第八机械工业部并入）、航天工业部、航空航天工业部、中国航天工业总公司的历史沿革。1999年7月成立中国航天机电集团公司，2001年7月更名为中国航天科工集团公司。航天科工现由总部、6个研究院、17个全资或控股公司构成。境内共有500余家企事业单位，分布在全国31个省、市、自治区。拥有包括8名两院院士、200余名国家级科技英才在内的一大批知名专家和学者，拥有多个国家重点实验室、技术创新中心、成果孵化中心以及专业门类配套齐全的科研生产体系。

航天科工以"科技强军、航天报国"为企业使命，从事着关系国家安全的战略性产业，建立了完整的防空导弹武器系统、飞航导弹武器系统、固体运载火箭及空间技术产品等技术开发与研制生产体系，导弹武器装备整体水平国内领先，部分专业技术达到国际先进水平，先后为部队提供了几十种性能先进的导弹武器装备，创造了我国国防武器装备建设史上一个又一个辉煌的"第一"。着眼于"大防务、大安全"发展理念，坚持走中国特色的军民融合发展之路，在信息技术、装备制造等方面开发了一系列军民结合高技术产品。自主研制的防伪税控系统、奥运安保科技系统、南水北调仿真系统、应急救援与保障装备等广泛应用于国民经济和社会发展的方方面面，产生了良好的社会效益和经济效益。

近年来，航天科工始终坚持聚精会神搞建设、一心一意谋发展，经济持续保持了稳中提质、稳中向好的发展态势。主动适应经济发展新常态，积极响应国家"互联网+"等战略，认真谋划并大力推进智慧企业、专有云网、航天云网三大平台建设。特别是依托航天科工线下雄厚的科研与制造能力，倾力打造"互联网+智能制造"航天云网平台，推动形成"互联网+"新兴产业生态圈，为我国制造业企业提供方便、高效、开放，好用、管用、够用的线上线下互动全流程发展环境，努力提升中国制造能力和水平。航天科工连续12个年度在国务院国资委公布的中央企业负责人经营业绩考核中位列A级，2019年列世界500强第322位。

二、主要配套产品及发展情况

（一）无人机领域

（1）HW-310A多用途无人机

该无人机作为通用飞行平台可搭载多种载荷，全自主起降，可执行监视、跟踪、高精度测量等任务，为各种工作提供可靠、准确的信息。

（2）HW-210/A长航时无人机

该无人机系统具有续航时间长、作业半径大、稳定性高等特点，可实现车载或弹射起飞，场地适应能强。

（3）HW-X210六旋翼无人机

该无人机是一款小型超近程垂直起降六旋翼，具有载荷能力强、续过航时间长、飞行精度高、可靠性高、使用维护简单的特点；采用多模导航、实时差分定位，飞行精度高；具有自动预警、自动返航等保护功能。

（4）HW-V210垂直起降无人机

是一款电动垂直起降固定翼无人机，具备全自主垂直起降功能，降低对起降场地要求，同时较多旋翼无人机具有续航时间长、作业半径大等优势，可应用于区域巡查、目标搜索等领域。

（5）HW-X120 背包式无人机

背包式多旋翼无人机整机轻巧，可折叠便于携带，单人短时间内迅速展开作业，全自主起降及飞行，系统性能可靠。

（6）HW-120 小型电动无人机

是一款小型电驱动无人机，稳定性强，可在复杂环境下飞行作业；可携带高清摄像机、高清数码相机等载荷，该机已在四川、西藏等高原地区得到应用，满足小面积、高海拔应用需求。

（7）HW-X270A 四旋翼植保无人机

采用基于差分 GPS 系统实现高精度定位，实现全作业流程全自动飞行控制，无须人工遥控操纵飞行，具有基于地块的作业航线智能规划、一键起飞、到点自动开启喷药、自动按规划航线飞行、无药自动停喷并自动返航、并支持断点续喷、一站四机并行作业等功能。

（二）高性能结构复合材料领域

2009 年 5 月，航天科工正式成为中国商飞 C919 国产大飞机九大机体结构供应商之一，截至 2018 年已完成 5 架份后机身后段、2 架份副翼、3 架份后机身前段复材零件、2 架份垂尾壁板复材零件以及许用值试验件的交付；在无人机领域，也针对客户的不同要求，完成了 3 架份航天科工某型号无人机和 11 架份总参 60 所某型号无人机复材零件的生产研制工作；完成了上飞院除冰项目闪电防护和组件级试验件的研制，完成了科技工程中心项目压损试验件的研制。

（三）民用航空紧固件领域

航天科工为西飞公司“新舟”60 民用机型提供紧固件产品配套，主要涉及航标、西飞企标（4A 系列）等常规紧固件；为沈飞民机公司提供民用飞机机体用紧固件产品配套；为中国商发公司“长江”-1000、“长江”-2000 系列型号发动机配套。同时重点开展 C919、ARJ21-700 和 AG600 等重点民用机型用紧固件的研发和配套工作。累计完成商飞公司 61 项标准，126 个规格（近 316 个批次）的产品研制工作；43 项标准产品进入中国商飞 QPL 目录，其中 16 项标准产品获得工程批准书；5 种标准型号、20 个规高锁产品成功通过 ARJ21-700 试装机实验，积极参与 AG600 飞机的紧固件研发和配套工作。

（四）国际民用航空零部件领域

在配套现有 GE-A 公司的基础上，航天科工积极开发其二级供应商苏州 SAM 公司，成功配套 LEAP 发动机且形成稳定批量供货；深挖巴基斯坦 PAC 公司，目前已完成首个批产合同的承接及交付；同时完成了 GE POWER 供应商审核认证，成为其全球战略采购供应商；与为 GE 油气德国采购商完成 2 个件号的首件试制，完成客户验收；同时与 GE 油气阿根廷采购商已取得接洽及产品报价工作，首批涉及 9 项产品，且完成 1 个件号已成功交付；为美铝分公司奥科宁克（ARCONIC）做表面处理工序加工。积极参加德国汉诺威展会、美国拉斯维加斯紧固件展、俄罗斯装备展，多渠道推广品牌。稳步推进与 GE 航空、巴基斯坦 PAC 集团、庞巴迪合作项目，成功加入 GE 能源、GE 油气合格供方目录。

三、新产品研发

（一）无人机领域

（1）小型长航时无人机系统 HW-350

该无人机属于一款军民两用多用途无人机，具有续航时间长、作业半径大、稳定性高等特点。在民用领域，可广泛应用于海洋环境监视、应急通信、对地测绘、灾害现场普查、环保监控等。具有航时长、机动灵活、使用便捷及稳定性好等显著特点，可在通用机场条件下完成起降和地面保障。同时，通过加改装不同任务设备，可应用于海域监控、应急通信、气象探测等多个领域。目前该型无人机已完成了试样机首飞试验并完成了系统优化，2019 年完成产品定型。

（2）临近空间超长航时无人机

该无人机可在 20 千米以上临近空间高度进行数天超长航时飞行，具有航天、航空技术融合特征，可形象比喻为在临近空间高度飞行的“准卫星”，具有重大应用价值。采用涡轮增压活塞动力和太阳能动力两条技术途径发展临近空间超长航时无人机，前者侧重大载重能力方向，后者侧重超长航时能力方向。目前临近空间太阳能无人机 2018 年完成临近空间高度飞行验证试验，2019 年具备批产能力，基于涡轮增压活塞动力的临近空间超长航时无人机目前正依托国防科工局民用航天预研项目开展多级涡轮增压动力技术、无人机气动外形设计技术等核心关键技术攻关，预计“十四五”期间完成原型机研制及飞行试验，具备工程应用条件。

（二）高性能结构复合材料领域

在CR929客机方面，航天科工2018年受邀参加CR929宽体客机（JCDP）联合设计。在联合设计期间，完成后机身前段、后段机体概念方案及复材研制技术难点分析等工作，确定后机身后段自动铺丝整体成型试验件、框梁试验件、后压力框试验件作为典型试验件，开展自动铺丝工艺大尺寸复杂铺层设计等关键技术的工艺攻关工作。

在国产航空发动机方面，航天科工2018年受邀参加中国航发商发第二届供应商大会；签订首个“长江”-1000A进气道关键结构试验件研制合同，签订了“长江”-1000A发动机复合材料无损检测项目长期合作协议。

（三）民用航空紧固件领域

航天科工大力推进民用航空配套业务，2018年开展“长江”-1000型号发动机用紧固件的研制。产品主要包括螺栓、螺母、销子、螺桩等，材料主要以GH4169、GH738等高温合金为主，通过加工工艺优化、特种工艺的研究、关键产品的质量控制，攻破螺纹精度、锁紧性能等技术难点，各项技术指标均符合设计图样、工艺规程和技术条件的要求，500余项产品具有批产能力，满足“长江”-1000系列发动机相应机型的装配使用要求。

四、航空科研

2018年，航天科工加快推进重点项目培育步伐，积极投入，组织所属单位围绕无人机、高性能结构复合材料、民机用紧固件开展技术攻关、产品系列化工作，提升在技术开发、材料研制、系统集成、产品生产等多方面能力。

（1）无人机领域

航天科工积极开展了水上回收技术、高速轮式起降技术、精确着网回收技术、垂直起降太阳能无人机技术和多机协同控制和组网技术攻关和探索研究。

（2）高性能复合材料领域

航天科工积极开展CR929项目联合设计和高性能复合材料工艺论证，“长江”-1000A进气道关键结构试验件研制和发动机复合材料无损检测论证，KT-1太阳能无人机飞行设备加工工艺优化等工作。

（3）民用航空紧固件领域

航天科工尽快形成“1818紧固件”发展的技术图谱和路径；积极开展高温钛合金TA33材料紧固件产品的研制及性能试验；进行紧固件实海环境涂/镀层验证试验及实海试验紧固件研制，深入研究海洋环境紧固件防腐技术。

中国电子科技集团有限公司

一、企业基本情况

中国电子科技集团有限公司（简称中国电科）是经国务院批准、在原信息产业部直属研究院所和高科技企业基础上组建而成的国有重要骨干企业，是中央直接管理的十大军工集团之一。主要从事国家重要军民用大型电子信息系统的工程建设，重大装备、通信与电子设备、软件和关键元器件的研制生产。

中国电科所属二级成员单位 50 余家，上市公司 9 家，分布在全国 20 多个省市自治区。现有职工近 14 万人，其中，中国工程院院士 11 名。拥有国家级重点实验室 18 个，国家工程中心 3 个，国家级 / 部级质量检测机构 21 个，博士后科研工作站 27 个，流动站 1 个，拥有一批国内一流的中试线、生产线、装配线和机加工中心，形成了国内电子领域最完整的研究、设计、试制、生产及试验能力体系，有完备的质量保证体系，取得了一批领先或接近国际水平的重大科技成果，在一些关键技术领域始终保持着国内领先、国际先进的地位。在民用航空产业领域，形成空中交通管理系统、通用航空产品、航空电子产品、航空运营服务等四大业务体系，并取得了显著成绩，品牌地位逐年提升。

二、主要产品

在民用航空领域，中国电科重点研发了机场场面监视系统、塔台视景系统、机载通信导航设备、信息系统、客舱系统、塔台综合显示系统、飞行流量管理系统、飞行环境监视系统。包括一次 / 二次监视雷达、气象雷达、多点定位系统、机场场面监视雷达、ADS-B 等多个系列化产品，以及空管监视系统整体解决方案，实现飞机航路、进近、起降和机场场面的全空域监视，为空管提供精确的目标位置信息。同时还有钻石飞机、特种飞机、无人机、复合材料等产品。

三、新产品研发

中国电科围绕空中交通管理、通用航空、航空电子、航空运营服务等四大业务，全面拓展和提升民用航空产业领域的技术产品水平。在民用航电系统关键技术研究和开发方面取得重大突破，多项技术居国际领先水平，并有多项专利获得受理和授权。国内首家获得中国民航局颁发《民用航空空中交通通信导航监视设备使用许可证》《民航空管主用系统使用许可证》，首家通过民航第三方软件测试。

2015 年中国电科突破多项技术瓶颈，研制的“高级场面活动引导控制系统Ⅳ级”“塔台电子化管理系统”填补了国内空白，居国际领先水平。“空管移动应急系统工程设备舱、天线塔”合同成功签订，标志着集团公司首次进入民航应急装备领域。民航 28 套国产主用空管系统中，中国电科承担了 21 套，市场占有率排名第一。

低空空管方面，中国电科在低空运行领域实现了基于网络扁平化和数据驱动的一体化分布式系统架构，在飞行服务系统中集成并验证基于大容量高效融合技术的北斗 RDSS 系统、基于 3G（WCDMA）的空地宽带通信系统和基于 VoIP 的语音组网系统，整体技术水平达到国内领先。

在民机航电系统领域，中国电科通过实施民机航电系统相关项目，掌握民机航电系统总体设计、设备研发、航电软件开发、系统集成、产品生产、适航取证等关键技术，建立起完善的民机航电系统研发和生产的质量适航管理体系，提升了民机航电系统及设备的设计开发、系统集成、生产制造、适航取证和服务保障等方面的能力。以国家 C919 大型客机项目为契机，构建航空电子产业平台，开展国际交流与合作，将国际先进的技术、成熟化的产品与国内需求相结合，大力推进国产大型客机航电系统的国产化进程。

此外，中国电科进一步向航空运营服务领域迈进，开展了航空维修业务，并取得航材分销商证书、航空运营人承修商证书、德国 TMG 发动机授权维修中心认证等多项资质认证。

四、国际经济技术合作

中国电科按照拟定的发展规划，确定了“通过国际合作高起点切入民用航空电子领域”的实施战略。2018 年，中国电科继续大力推进国际合作，在夯实与柯林斯、泰雷兹、钻石公司等国际公司合作成果的同时，拓展合作领域、建设合作渠道，探索宽体机、重型直升机等新项目的合作可能性，并拓展卫星通信、训练模拟、通飞航电等新的合作领域，以支撑公司产业规划落地。成立了中电科芜湖钻石飞机欧洲研发中心以及飞机生产物料欧洲集中采购中心，开展新型号飞机概念设计及碳纤维复合材料技术研究合作，大幅提升行业影响力。

五、重大项目建设

中国电科在民品产业发展过程中，积极推进内涵式与外延式相结合的经营策略，从体制机制上，探索出一条国有资本、民营资本、地方政府资本互相融合的投资与资本运作的发展模式。

中国电科在成都和芜湖分别建立航电产业园和通用航空产业园。在航空电子业务方面，与柯林斯和泰雷兹分别合资成立了中电科柯林斯航空电子有限公司（简称电科柯林斯）和中电科泰雷兹航空电子有限公司（简称电科泰雷兹）。电科柯林斯成立于 2013 年 12 月，依托 C919 项目，业务涉及商用飞机的航电系统及其衍生产品的设计、研发、制造、修理和维护；电科泰雷兹成立于 2013 年 2 月，以 C919 项目为契机，致力于成为全球单通道飞机客舱娱乐系统的卓越中心，专门从事民用航空电子领域机载娱乐系统和设备的设计研发、产品集成、生产和维修服务。

在通用航空板块，中国电科投资成立了中电科芜湖钻石飞机制造有限公司（简称飞机公司）和中电科特种飞机系统工程有限公司（简称特飞公司），增资控股了成都华太航空科技股份有限公司（简称华太航空）。2013 年 12 月，以引进钻石公司 DA42、DV20E 两条飞机生产线起步，主要业务包括 3 类 7 款通用飞机和无人机的研发、生产及销售，是国家发改委批准的首个国家级轻型通用飞机国家工程设计中心；特飞公司成立于 2014 年 12 月，主要包括特种飞机、无人机（KJB、LJ、HJJ、HJ 等）、低空管控与服务三方面业务；华太航空主要从事航空维修保障业务。

西安飞机工业（集团）有限责任公司

一、企业基本情况

西安飞机工业（集团）有限责任公司（简称航空工业西飞）创建于1958年5月8日，是中国航空工业集团有限公司的成员单位，是我国大中型军民用飞机研制生产的重要基地。先后自主研制生产了30多种型号的军民用飞机。企业员工总数近20000人，其中航空主业从业人员共计15000余人。

2018年航空工业西飞全体干部职工以党的十九大精神为指引，锐意进取，坚定执行运营管理工作计划，全面实现了科研生产经营目标。全年实现营业收入217亿元，全员劳动生产率同比增长10%，各项经营指标同比进一步改善。

2018年航空工业西飞超额完成全年科研成果鉴定申请指标，科技成果获奖数量居于行业领先行列。获得国家专利授权73项。其中，发明专利29项，国防专利1项，实用新型专利43项。西飞公司参研的《大型功能壁板自动精准装配关键技术与装备》项目荣获国家科技进步奖二等奖。

2018年航空工业西飞荣获中国设备管理协会授予的“全国设备管理优秀单位”称号、欧洲空客公司的优秀供应商“最佳表现奖”、MA60民用客机获得2018年中国专利奖外观设计银奖。航空工业西飞再次入选陕西省百强企业，荣获“2018陕西企业文化建设优秀成果”奖项。

二、主要民用航空产品发展

2018年航空工业西飞主要民用航空产品包括：自主研制的“新舟”700民用客机、“新舟”60系列民用客机；承担重要大部件研制任务的C919大型民用客机及ARJ21-700新支线民用客机；与世界著名飞机制造企业波音公司、空客公司合作的航空零部件转包生产等。

2018年自主研发的“新舟”700飞机项目完成了详细设计阶段工作，全面进入研制批大部件装配阶段。“新舟”60的重要改型——“新舟”60遥感机B状态、E状态补充型号合格取证，完成了D状态详细设计更改，实现了首架机交付；完成了西北地区“新舟”60增雨机结构改装详细设计工作，系统研制有序开展。

民用飞机销售工作连续两年保持增长。与汉莎技术、山东太古公司签署协议，在“新舟”系列飞机维修工程研究、定检大修、航线抢修、飞机改装等方面开展长期合作；与西北工业大学、中国民航大学签署合作协议，在民机科研课题、专业技术人才培养、航空基础理论研究、校园宣传和品牌推广等方面形成合作关系；与华夏航空签署了100架“新舟”700购机意向及战略合作协议，共同推动“新舟”飞机全球化市场开拓；与幸福航空、中航国际航发、中航租赁签署合作协议，共同推进“一带一路”沿线国家航空发展，形成产业合作良性互动，促进航空制造维修、临空产业发展和包括旅游业在内的产业联动。

C919大型客机项目2018年成功交付10104架外翼翼盒工作包。并首次使用全新数字化外翼翼盒生产线进行10105架外翼翼盒工作包装配并交付。

航空工业西飞向上飞公司交付ARJ21-700飞机120 ~ 129架部件，全面完成了全年交付任务。

2018年，航空工业西飞国际航空转包业务平稳发展，全年合同交付空客、波音、UTAS等项目2514架份，出口交付总额3.25亿美元，同比增长4%，位居航空工业成员单位第一。

三、产品开发与技术进步

2018年科技活动经费支出占全年营业总收

入 9.3%。获得 73 项专利授权，其中发明专利 30 项，年末拥有有效发明专利 417 项。当年民用航空研制项目 11 个，项目计划总投资 42 亿元，本年投资完成 7.9 亿元。全年开展的民用航空研制项目有："新舟"700、C919 大型客机、ARJ21-700 等，开展的课题有：MA700 飞机复材制件研制及适航取证研究，民用飞机总装配智能移动生产线关键技术与系统等。

2018 年，新研民用支线客机——"新舟"700 项目完成了结构详细设计数模发放及适航审批，完成了试飞架内测试改装工程图样发放及适航审批。机头、前机身、机翼、货舱门已开始部装。2018 年 12 月 22 日，"新舟"700 飞机研制批第 10001 架机静力试验机首个大部件总装（机翼翼盒）在航空工业西飞开铆，并顺利完成骨架装配。

"新舟"60 遥感飞机于 2018 年 12 月 29 日完成了首架机的交付用户。11 月 13 日，"新舟"60 增雨飞机完成改装方案制定及评审，并在年底完成了结构改装详细设计发图。2018 年，"新舟"600 全机疲劳试验完成 4171 次试验，累计完成 67171 次。"新舟"600F 中后机身疲劳试验提前完成 14000 次年度目标，累计完成 100000 次，试验进入裂纹扩展试验阶段。

C919 大型客机项目，成功交付 10104 架外翼翼盒工作包。首次使用全新数字化外翼翼盒生产线进行 10105 架外翼翼盒工作包装配并交付，标志着 C919 机翼数字化装配生产线完成了首架机生产运用验证。该生产线为目前我国建设完成的最先进机翼数字化装配生产线，在外翼翼盒装配中，实现了自动找正、自动制孔锪窝、自动检测、自动安装临时紧固钉等功能，完成了 C919 翼盒由传统装配模式向数字化装配模式的转变。

ARJ21-700 新支线客机，交付 120 ~ 129 架部件，全面完成了全年交付任务；向上飞交付紧急订货 586 项、航材备件 578 项，为 ARJ21-700 飞机生产、运营提供了有力的保障和支持。

四、对外贸易与国际经济技术合作

作为民航体系不可或缺的组成部分，"新舟"700 飞机研发团队坚持创新驱动、开放发展，结合国家推进建设航空强国和民航强国的目标，在全国范围内搭建起以"新舟"700 飞机为代表的国产民机知识分享与资源共享的对接平台。同时广泛开展多种形式的技术合作、供应链合作，与加拿大普惠、霍尼韦尔、柯林斯等世界先进航空制造企业建立了良好协作关系。

2018 年 1 月 18 日，2 架"新舟"60 飞机销往安哥拉的项目签约，实现了"新舟"飞机 2018 年销售开门红，也是海外市场销售的新拓展。

2018 年 5 月 11 日，西飞民机作为航空工业集团和陕西民用飞机研发制造的骨干企业，策划并参展第三届丝博会。"新舟"60 增雨机、"新舟"600 客机展示模型，以及"新舟"700 客机展示模型和驾驶舱模拟器隆重亮相，让参观者充分感受到了国产民机的魅力。

2018 年 11 月 28 日，"2018 年支线航空与国产支线飞机发展论坛"在西安阎良成功举办。此次论坛优化了"新舟"系列飞机的产品形象、提升了媒体关注度和公众影响力。

截至 2018 年 12 月 31 日，"新舟"60/600 民用飞机，已累计向国内外用户交付 105 架，遍及 4 大洲、18 个国家、32 家用户。2018 年间，"新舟"机群累计飞行 45363.31 小时，全年飞行多达 43194 个起落。最高单机年飞行小时达到 2026 小时、日小时利用率达到 3.68 小时。机队累计运送旅客突破 1000 万人次，运营航线 268 条。

在民用飞机转包生产方面，2018 年西飞与波音完成波音 737MAX 垂尾项目后续合同签署；完成波音 747-8 内襟翼 / 后部肋合同续签；2018 年航空工业西飞同空客完成 A320 机翼后续合同签署，完成 A320 机翼项目合同垂直整合。2018 年波音 737 垂尾项目、A320 机翼生产速率均得到提升。

五、企业改制改革

2018 年公司按照国资委、航空工业集团要求认真贯彻国企改革总要求，持续推进"瘦身健体"专项工作，剥离企业办社会职能。针对航空工业西飞投资企业不同的行业特点和业务定位，实施"一企一策"，明确了航空工业西飞投资业务发展指导思想和方向，2018 年 6 月形成了航空工业西飞 10 家投资企业改革发展方案，并开始分步实施。

按照“瘦身健体”相关要求，完成了未来国际（子公司）清算注销；参股企业清理方面，完成了中航文化、兆庆置业等 14 项参股股权的清理，收回股权转让资金 5057 万元，流通股减持回收资金 4601 万元。

按照中央、省市及航空工业集团的相关要求，积极稳妥推进职工家属区“三供一业”分离移交工作，2018 年完成了供水、供电、供热、供气和物业管理 5 个项目的管理职能移交和资产划转，并按照协议约定累计支付分离移交费用 3.5 亿元；完成了 5 项市政设施、8 个社区管理职能及资产移交工作。

按照国家医疗机构改革的要求，2018 年将西安一四一医院整建制并入了西安交通大学第一附属医院，与西安交通大学第一附属医院实施同质化管理、一体化发展。

哈尔滨飞机工业集团有限责任公司

一、企业基本情况

航空工业哈尔滨飞机工业集团有限责任公司（简称航空工业哈飞）创建于1952年，是我国“一五”时期156个重点建设项目之一，曾支援航空工业集团20余个厂所的建设。现有职工7000余人，占地面积467万米^2，资产总额171亿元，设有国家级技术中心和博士后工作站，是我国直升机、通用飞机、先进复合材料构件的主要研发制造基地。

近年来，公司聚焦航空主业，加快推进航空产品升级换代，形成了以直9系列、直19军用直升机，AC312系列、AC352民用直升机和运12E、运12F固定翼飞机为代表的产品体系，全方位满足客户需求。

公司拥有获得国际权威适航当局认可的、健全的设计研发制造体系，是国内唯一同时具备直升机和固定翼飞机设计研发制造能力的企业。复合材料设计与验证等多项技术处于国内领先地位。公司积极融入世界航空产业链，凭借先进的复合材料和整机制造技术优势，先后与美、俄、英、法等10余个国家开展合作。旗下与空客合资成立的哈飞空客复材制造中心，生产A350系列飞机方向舵、升降舵等部件以及A320系列飞机方向舵。

二、生产经营情况

2018年，公司实现民用航空产品收入13.13亿元，同比增长12.66%；实现民用航空产品产值9.68亿元，同比增长2.3%。

三、主要产品

（一）Z9系列直升机

Z9系列直升机是航空工业哈飞主要产品之一，20世纪80年代同法宇航公司签订专利技术引进合同，经过国产化，改进、改型，目前已形成军、民用两大系列。民用系列主要有换发型（H410A）、H425民用型、航空摄影型、海洋监测型、地质勘探型、防火救灾型等。

（二）Y12系列飞机

Y12飞机是20世纪80年代初航空工业哈飞自行设计制造的具有自主知识产权的轻型多用途飞机，已研制生产出多种型号。目前供应市场的是19座级，最大起飞重量5670千克，为Y12IV型和Y12E型。Y12系列飞机取得了中国、英国、美国、法国、印尼、澳大利亚和新西兰7个国家型号合格证。截至目前外销到30余个国家和地区。

（三）Y12F飞机

Y12F飞机是以Y12E飞机为基础，通过换装大功率发动机和对机翼、机身、起落架等改进设计，提高了飞机的飞行速度、增大商载能力和航程，改善乘坐舒适性，降低使用维护成本，在非增压座舱竞争飞机中处于先进水平。Y12F飞机以其更优良的性能扩大销售、拓宽市场、增加出口创汇，成为中、短途支线客运为主的飞机。Y12F飞机于2015年12月取得CAAC型号合格证，2016年2月获得美国FAA型号合格证，EASA型号合格证的取证工作正在进行中。

四、产品开发与技术进步

航空工业哈飞在研产品主要为AC312E直升机。AC312E型直升机是在AC312A（H425）型机的基础上，换装大功率发动机和综合航电系统，进行适应性系统改进的在研新型直升机，已于2016年7月28日实现首飞，现已签订7架机销售合同。计划2019年完成适航取证工程资料准备，具备颁发型号合格证条件。

五、国际经济技术合作

公司有着30多年的国际合作转包历史，通

过风险合作、合资公司、转包生产三种模式成功融入了世界航空产业链，成为世界知名的航空零部件供应商，尤其是在复合材料技术方面，领军国内的同时，也在世界范围内享有广泛的声誉。多年来，与美、俄、英、法等 10 余个国家在整机和大部件开展了合作，具备丰富的国际合作经验，对国际航空产品研发规律、管理理念和先进技术具有充分的认知。

目前，航空工业哈飞与空直、英国 GKN 等公司有着直接的合作，现有 Z15/H175 直升机、赛峰 F7X 短舱风扇罩、GKN 发动机短舱、哈尔滨空客合资制造中心等国际合作及转包项目。

中航沈飞民用飞机有限责任公司

一、企业基本情况

中航沈飞民用飞机有限责任公司（简称航空工业沈飞民机）成立于2007年8月28日，截至2018年底由中航飞机股份有限公司、沈阳飞机工业（集团）有限公司、沈阳航空产业集团有限公司、中航投资控股有限公司、沈阳沈飞企业管理有限公司共同出资，注册资本62488万元，母公司为中航飞机股份有限公司。

公司经营范围为民用飞机零部件的设计、试验、生产、销售及相关技术转让、技术咨询和进出口贸易；军用飞机结构零部件的设计、试验、生产、服务等。2018年底拥有员工2367人，资产总额32.88亿元。

二、生产经营情况

2018年公司实现营业收入107745万元，同比减少0.7%，出口交付额1.71亿美元，同比增加5.56%。

三、主要产品

公司与中国商飞、波音、空客、庞巴迪、赛峰等国际知名航空制造企业均建立了稳定的合作关系，主要产品涵盖了A320、波音737/777/787、Q400、A220（原C系列）、ARJ21、C919、“新舟”700等现役和在研民用飞机的主要机体结构部件，包括机身（含舱门）、尾段、发动机吊挂、机翼前缘、垂尾前缘、电缆、复材壁板、电源箱等产品。合作范围涉及设计、制造、试验、售后服务等民用飞机研制多个领域。

四、产品开发与技术进步

波音737MAX-48段首架产品“零故障”通过客户入厂验收，2018年底已达到了月产8架份的交付能力；新签了A220前机身复材登机梯合同，并启动了首架研制准备工作。积极保持与中国商飞、西飞民机、一飞院等单位的良好合作关系，完成了“新舟”700工作包详细设计和ARJ21系统优化设计。

玻璃纤维和碳纤维混合铺叠生产线获得波音公司批准，标志着公司复材加工能力再上新台阶；解决了ARJ21项目戽斗协调制造和A220项目长桁、波音737MAX项目外购件国产化等技术问题；获得了11项专利授权，申报科技计划项目10项、集团科技成果4项；国际合作项目实现了MES系统单轨运行。继续进行工程研发设计环境平台建设，持续完善基础数据库，为设计制造一体化打下了基础。

五、重大设施建设

重大设施建设顺利开展，实现了A04B厂房主体封闭。C919研保条件建设完成了后机身和垂尾自动化生产设备投产前验收。

成都飞机工业（集团）有限责任公司

一、企业基本情况

成都飞机工业（集团）有限责任公司（简称航空工业成飞），隶属中国航空工业集团有限公司。原名“成都峨眉机械厂”，代号为“国营第一三二厂”，是国家“一五计划”156个重点建设项目之一。公司创建于1958年10月18日，是我国航空武器装备研制生产和出口主要基地、民机零部件重要制造商，是国家和省市的重点优势企业。公司地处四川省成都市青羊区黄田坝，拥有专用的机场和铁路货运线，毗邻成都火车西站，交通便利，物流畅通。

公司先后承接了麦道机头、波音757尾段、空客A320前/后登机门、空客A350下垂板和扰流片、G280公务机机头和后机身以及波音787方向舵等项目的转包生产。在我国自主研发的大型民用客机C919项目、新支线客机ARJ21项目、国产的大型灭火水上救援水陆两栖飞机AG600项目中承担了机头的研制生产任务。

航空工业成飞为国防现代化建设和国民经济建设做出了重要贡献。公司荣获了中共中央、国务院、中央军委授予的“高技术武器装备发展建设工程重大贡献奖”，全国“五一”劳动奖状、全国文明单位、全国“讲理想、比贡献”活动先进集体、全国质量奖、全国实施卓越绩效模式先进企业、全国思想政治工作先进单位、全国审计工作先进集体、中国企业自主创新奖、中国制造业十大创新企业、中央企业先进集体、中央企业先进基层党组织、中央企业思想政治工作先进单位、中央企业抗震救灾先进集体、国防科技工业军工文化建设示范单位、四川省先进基层党组织等近500项省部级以上荣誉，是中国企业形象AAA级单位。

二、民用航空生产经营情况

2018年，公司实现营业收入267.59亿元，其中：民用航空产品实现收入11.19亿元。

三、主要民用航空产品情况

航空工业成飞民用航空产品主要包括国外转包项目和国内民机项目。

（一）国外转包项目

主要包括波音737前登机门、波音787方向舵、波音737方向舵、波音747-8平尾、A350下垂板和扰流片、A320前/后登机门、A320地板和一号框、A320前起落架舱、FX7壁板、G280机头、G280后机身、波音737客改货、波音767客改货等国外转包项目。

（二）国内民机项目

主要包括大型民用客机C919机头、新支线客机ARJ21机头、大型灭火水上救援水陆两栖飞机AG600机头。

四、民用航空产品开发和技术进步

2018年，在C919项目上与美国先进集成技术服务公司合作，成飞公司安排3批次共计23人次赴西班牙马德里开展联合设计工作。通过联合设计和学习，基本掌握了飞机部件数字化装配生产线设计方法，包括：《飞机部件装配生产线设计》《飞机装配生产线产能分析方法》《飞机装配生产线工艺布局设计方法》《飞机大部件数字化调姿技术》以及《DELMIA装配仿真与人机工程仿真》等，促进了公司在数字化装配生产线总体规划与设计能力方面的发展。通过此项目，培养了一批优秀的设计团队，为公司在数字化装配领域的发展奠定了坚实的人才基础。

五、国际经济技术合作

经过30年的发展，航空工业成飞在国际民机转包生产业务上持续做优做强，与美国波音公司、欧洲空中客车公司、以色列IAI公司等多家国际知名航空主机 / 大部件制造商建立了长期稳定的战略合作关系，目前转包业务共拥有 17 个项目 28 个工作包，覆盖了先进复材制造 / 装配、复杂机加零件制造、大型钣金制造、全面的特种工艺处理和检测等多个先进技术领域，成为波音 787 方向舵、湾流 G280 公务机机头和后机身的全球唯一供应商，并即将成为空客 A350 客机扰流片和下垂板的全球唯一供应商。

六、重大设施建设

2016 年 2 月，公司开展民用飞机《复材件喷漆厂房建设议案》项目立项工作，同时下达投资计划。截至 2018 年 12 月底，该项目主体工程已基本完成，工艺设备已在安装调试中，累计完成投资 890.15 万元。

2018 年，中航成飞民用飞机有限责任公司（简称成飞民机）全年完成投资 6140 万元，主要围绕 11# 厂房尾款及工艺设备购置等条件建设工作。

七、企业改革改制

公司统筹推进产品产业结构调整，构建地方经济发展与国防经济发展的“双螺旋”。建设国家高端航空装备技术创新中心，以航空装备创新发展集聚效应带动地方经济发展。建设成飞军民融合创新中心，推动军民用技术在航空制造领域的开放共享。协同布局四川成都军民融合航空产业园和无人机试飞基地，与地方政府合作共建军民融合产业园区和示范基地。成立大飞机机头设计中心和无人机公司，以产业整合带动地方经济发展。

2018 年 11 月 19 日，中国商飞上飞院（成都）机头设计中心正式在成都完成签约，中心正式挂牌成立。该中心的成立，将使成飞民机由机头结构制造商升级为机头产品供应商，有力促进四川高端装备制造业高质量发展。

2018 年 12 月，完成中航（成都）无人机系统股份有限公司挂牌。充分利用成飞和成都所各自在基础研究、产品设计、生产制造和系统集成等方面的优势，以现有无人机项目为牵引，聚焦无人机市场开发、产品设计、飞机总装、系统集成、试验试飞、销售服务等核心价值创造能力，吸收合并中航公务机和成都空天公司，组建无人机系统公司——中航（成都）无人机系统股份有限公司。围绕外贸无人机、工业级无人机业务，建设国内领先、世界一流的无人机系统开发、制造、出口和运营基地。

中国商飞上海飞机制造有限公司

一、企业基本情况

中国商飞上海飞机制造有限公司（简称上飞公司）是中国商飞全资子公司和总装制造中心，注册资本40亿元。前身为始建于1950年的飞机修理队，后更名为国营第5703厂、上海飞机制造厂，于2008年5月11日整建制进入中国商飞。2009年6月6日，实现公司制改造，由上海飞机制造厂改制成为上海飞机制造有限公司。2018年3月9日，成立第一届董事会，推动法人治理机制建设。截至2018年底，从业人员6098人。

上飞公司现有两大基地：大场基地位于上海市静安区，面积489亩，主要承担ARJ21新支线飞机总装、交付和航空零部件转包生产等任务。浦东基地位于上海市浦东国际机场南侧上海航空产业基地内，面积4049亩，作为国产支线系列飞机、大型客机和宽体客机的制造基地，主要负责全机总装、系统集成和部分关键部件制造。

上飞公司从飞机修理起步，曾修理和改装了30多种型号、3400多架飞机。20世纪70年代以来，研制了我国自行设计、拥有自主知识产权的运10飞机，完成与美国原麦道飞机公司合作生产35架MD82/83飞机的总装制造任务，并作为主制造商完成2架机体国产化率70%的MD90-30干线飞机总装制造。目前承担我国自主研制的C919大型客机总装制造和ARJ21新支线飞机批生产工作，以及面向波音、空客等全球领先航空制造企业的转包生产工作，具有大型飞机总装能力、先进的部件对接技术、国际规范的测试和校验设备、可靠的质量保证体系。主要经营民用飞机等航空器及相关产品的研制、生产、改装、交付、销售、维修、仓储、服务业务，承接飞机零部件加工生产业务，经营本公司或代理单位生产所需原辅材料、设备、仪器、备配件、技术进出口业务及相关技术开发与技术咨询业务。

上飞公司的发展战略是：围绕一个目标，即创建世界民机领域一流总装制造中心；运行两大基地，即大场基地和浦东基地；发展三大主业，即飞机总装集成、关键零部件制造、飞机维修与改装；做优四个体系，即成本管理体系、质量适航安全管理体系、技术管理体系和创新管理体系；做强五种能力，即装配测试能力、核心关键零部件制造能力、供应链构建与管理能力、飞机维修与改装能力、新材料新技术新工艺研发应用能力。

二、生产经营情况

2018年，上飞公司全年营业总收入41.42亿元，工业总产值54.81亿元，工业增加值11.27亿元，出口创汇9679万美元。

三、主要产品情况

（一）C919大型客机

2018年，C919大型客机第101、第102架试飞机在阎良、东营、南昌三地开展试验试飞。103架试飞机于2018年12月28日成功首飞。第四架试飞机完成全机对接，进入总装。第五架试飞机完成机头、前机身、中后机身交付，进入机身对接工位。

（二）ARJ21新支线飞机

2018年，ARJ21新支线飞机建立飞机批产交付体系，开展工艺优化，完善操作流程图（OSC）。逐步建立运行支持体系，支持已交付客户飞机航线运行，保障3架飞机在珠海航展完成展示飞行。

（三）CR929宽体客机

2018年，CR929宽体客机完成复材机身全尺寸筒段零件制造和总装下线。制订《2018—2021年工艺技术研发和验证总体规划》。搭建宽体工艺规范体系框架，形成工艺规范清单。编制复合材料和总装研保项目建议书初稿。建立制造需求管理体系，编制《CR929 项目制造需求与目标》等需求文件。

（四）复材机翼

2018 年，复材机翼项目突破变曲率收口翼梁 R 区褶皱等关键技术难题，全尺寸盒段试验件 5 月 8 日总装下线，标志着上飞公司具备大尺寸主承力复合材料零部件的制造、装配能力。

（五）合资合作

2018 年，伊顿上飞（上海）航空管路制造有限公司全年交付管路总成件 11890 件，取得管路维修业务 CCAR-145 部维修许可证，完成 FAA 适航审查。

四、能力建设与技术攻关

（一）能力建设

2018 年，中国商飞公司总装制造中心浦东基地 ARJ21 新支线飞机部装厂房、人才实训基地、大部件库扩建项目、结构件库扩建项目、钣金工装库完工。浦东基地倒班宿舍楼建设项目开工。

2018 年，上飞公司推进智能制造生产线建设，数控智慧车间一期建设完工并投入运行，建成一条 24 小时无人值守的"黑灯产线"。与联想、腾讯、华为、联通签署战略合作协议，成立"王坚大飞机工作室"，就 5G 技术应用场景开发、大数据等达成合作意向，与国内外高校开展合作，推进智能制造与大飞机研制深度融合。推进 4G/5G 加边缘计算，实现浦东基地室外 5G 网络全覆盖；完成私有云基础设施建设，实现私有云与内网打通。利用自动喷涂机器人、柔性轨制孔机器人等智能装备及技术，提高装备自动化和智能化水平。

（二）技术攻关

2018 年，上飞公司加强外部合作，建立 1 个示范验证中心、13 个院士工作站、15 个共建实验室，完善产学研用相结合的技术创新体系。在 C919 大型客机 103 架机上实现大型飞机整机示范喷涂装备应用，提升整机喷涂效率。成功申报航空工业行业标准 1 项、中国商飞公司企业标准 6 项。申请专利 102 项，其中发明专利 42 项；获得授权专利 57 项，其中发明专利 16 项。6 项群策群力提案专利荣获第 29 届上海市优秀发明奖、1 项专利荣获上海市技术发明三等奖、6 项职工先进操作法和专利荣获上海市职工先进操作法优秀成果奖。"大型客机新型铝锂合金关键制造技术及应用"项目获得 2018 年度中国机械工业科学技术奖二等奖。

五、组织机构改革

2018 年，上飞公司完善《上飞公司"十三五"发展规划》，发布《上飞公司 2018—2020 年发展纲要》，制订《上飞公司 2018 年全面深化改革实施方案》。中国商飞维修交付中心、复合材料中心 2018 年 10 月 26 日在上飞公司揭牌成立。组建零件加工中心、制造工程中心、质量管控中心、采供物流中心，重组发展规划部与经营计划部，对航空制造技术研究所进行事业部改制，设立工刀具办公室、价格办公室、招投标办公室、青创中心 4 个功能中心，初步形成以型号事业部为生产主体，以大部制专业部门为职能支撑，以综合管理部门为运营保障的企业组织架构。

中国商飞上海飞机设计研究院

一、企业基本情况

中国商飞上海飞机设计研究院前身是成立于1970年的空军5703厂708工程设计组，1973年从5703厂划出成立上海市708设计院，先后更名为640设计所、上海飞机设计所、上海市飞机设计研究所、上海市640研究所、上海市飞机研究所，2003年与西安603所实行“东西整合”，称中国航空工业第一集团公司第一飞机设计研究院上海分院，保留上海飞机设计研究所（640所）独立事业法人身份。2008年5月11日，中国商用飞机有限责任公司挂牌成立，原上海飞机设计研究所整建制进入中国商飞公司；2009年10月，经中央机构编制委员会办公室批准，更名为中国商用飞机有限责任公司上海飞机设计研究院，对内称设计研发中心；2012年，上海飞机设计研究院（简称上飞院）整体搬迁至浦东新区张江高科技园区（占地1200亩），并在大场留有一个ARJ21新支线飞机系统综合试验室。

历史上，上飞院设计了我国第一架大型喷气式客机运10并成功首飞，与陕飞联合设计运8气密型飞机，全程参与麦道公司超高涵技术任务及国际合作项目，完成中美合作生产MD-82/83和MD-90干线客机联络工程和适航任务。2002年开始研制的我国首架按照国际标准设计、拥有自主知识产权的ARJ21-700新型涡扇支线客机已于2008年成功首飞，并于2014年底获得型号合格证。

作为中国商飞公司设计研发中心，上飞院承担我国民用飞机项目的工程设计任务和技术抓总责任，承担大型客机、支线飞机、远程宽体客机三个系列飞机的设计研发、试验验证以及关键技术攻关等任务；承担三个系列飞机批生产阶段的联络工程、工程技术服务；承担建设基本完整的民用飞机研发相关的专业、技术、能力体系任务；开展与民用飞机研制有关的各项工程试验、国家重大课题、试验验证中心（国家重点实验室）建设工作。

上飞院的发展目标是完成民用飞机研制，实现研制成功、市场成功、商业成功。强化技术创新、总体设计、系统集成、试验验证、资源配置、应用转化六种能力。建成国际一流民用飞机设计研发中心。上飞院内设机构涵盖飞机总体气动、动力燃油系统、环控氧气系统、起落架液压系统设计、结构强度设计分析、全机载荷、驾驶舱集成和工业设计、电子电气与控制系统设计、四性与产品支援、标准材料、联络工程、情报档案、试验验证、适航工程、市场研究等多个专业，截至2018年12月25日，实岗数2569人。

二、生产经营情况

2018年，全年营业总收入约14亿元，预算执行当年计划固定资产投资额约3亿元。

三、主要产品情况

（一）C919大型客机项目

2018年，C919大型客机项目以“实施两机试飞，实现一机首飞，通过静力试验，开展优化设计”为研制目标全面进入试飞取证阶段，开展了101和102架机多地试飞工作，103架机于2018年12月28日成功首飞，完成全机级极限载荷静力试验，设计优化稳步推进。104架机实现部装下线，推入总装，105架机开始结构对接，106架机研制正在按计划推进。

（二）ARJ21新支线飞机项目

2018年，ARJ21新支线飞机项目围绕“保障安全高效运行、批产交付增效提速、完成第二阶段优化、解除全部运营限制、完成公务机客舱改”的年度目标，开展四地作战、推进飞机设计优化、交付运营等各项工作。项目进入航线运营、改进改型和生产交付多状态并存阶段。研制项目任务通过验收评审，改进型完成需求捕获、总体技术方案论证、关键权衡研究，并完成立项建议书的编制和公司内部评审。

（三）CR929 宽体客机项目

2018 年是 CR929 项目研制的需求年，规划了涵盖产业链、设计、制造、试飞、客服的民用飞机项目需求体系，编制项目 BRO 和 ADRO 需求，通过了公司级评审，建立了跨中心需求传递的路径与机制，完成了顶层需求确认。完成 JCDP 阶段总体目标和任务。启动了复材机身攻关项目，于 2018 年 12 月 26 日，完成复材机身攻关全尺寸筒段的总装下架。2018 年 11 月 6 日至 11 日，CR929 展示样机参加第十二届珠海国际航展。

四、能力建设与技术进步

（一）能力建设

2018 年，上飞院基本完成科技创新楼工程建设，综保中心及配电站项目实现全面完工，实现单身公寓和金科托育园投入使用，完成强度实验室、动力燃油防火实验室及环控实验室外部附属条件建设，实现人员入驻，试验开试，完成 3 个项目工程竣工验收。加强专业能力建设，以关键核心技术自主可控为主线，开展科技规划论证，布局预先研究项目。对民机科研“十三五”规划、机载系统能力提升计划进行了重点论证。开展技术图谱更新、专业能力建设团队管理、能力平台建设，围绕公司发展战略和年度工作的主题主线，开拓创新，强化科技工作的统筹策划与服务，推进科研项目课题研制工作，开展国家部委、上海市和中国商飞公司各层级课题申报和管理工作。

（二）技术进步

2018 年，上飞院承担国家或省部级的科技计划新立项目 9 项。完成 12 项上海市科技进步奖申报，11 项公司科技进步奖申报，42 项院科技进步奖申报，完成专利申请 111 件，获得 66 件专利授权。承担了 22 项国家部委课题，9 项上海市课题，27 项公司创新课题。完成了国家科技部项目“大型客机减阻机理和方法研究：大型客机减阻综合设计方法”的结题验收，完成 9 项公司创新课题的结题验收。

五、企业改革改制

2018 年，上飞院围绕“聚焦型号研制、加强总体集成、做实需求工程、面向 X 的设计、全生命周期管理”的原则开展组织机构改革工作，重点对职能部门、设计研究部门进行了改革。完成了部分职能部门优化改革，加强组织管理、计划管理与绩效考核等工作，突出管理抓总作用，新设综合计划部，组建项目管理部、采购与供应商管理部、科技发展部（科技委办公室）和质量管理部。在原研究部的基础上，设置“所”级设计研发职能机构，组建工程技术所形成五所四中心。专业设置方面：聚焦产品、问题导向，优化专业耦合度，将交联关系较复杂的专业集成在一个所内，简化协调界面。职能管理方面：向“所”下沉部分管理职能，做实“所”一级管理职能，构建“院—所—部”三级研发部门管理体系，提高管理效率。同时，合理设置研究部，避免内设机构膨胀过快。

中国商飞北京民用飞机技术研究中心

一、中心基本情况

中国商用飞机有限责任公司北京民用飞机技术研究中心（简称中国商飞北研中心）是2010年2月26日由中国商用飞机有限责任公司（简称中国商飞）设立，2010年4月29日经中央编制委员会办公室批准的事业单位。注册资金人民币1亿元，2016年注册资金增至16.496亿元。

8年来，中国商飞北研中心由初创期进入成长期，由粗放的发展阶段转向培养形成核心能力和聚焦创造价值阶段，实现从无形到有形的转变，初步形成系统集成能力、试验验证能力和识别/评估能力。中国商飞北研中心作为企业研发机构，充分发挥技术研发和市场需求喇叭口功能，力争实现“将北研中心创建成为国际一流新型商用飞机科研中心，提升北研中心创新力和影响力，强化未来产品研究、关键技术攻关、新技术转化应用三种主要业务形态，最终实现“智能化、模型化、集成化、平台化”的战略目标。

二、生产经营情况

2018年，中国商飞北研中心进一步支持型号研制。完成大型客机10103架机垂尾静力试验，参与宽体研制项目总体方案、ATG等在ARJ21飞机的科研试飞、飞机活动面减载优化试验等重大项目。推进新构型、超声速、新能源产品研究探索。大力推进中国商飞增材中心专业统筹协调、技术攻关能力和核心团队建设，初步形成一支兼具技术研究和协调管理的公司级团队。人工智能中心开展人机共驾技术研究，开展项目申报，构建开放合作机制。开展飞控—发动机—液压—环控4系统联动运行、4米虚拟飞行动力学相似模型设计等项目研究。

能力建设取得新进展。基本建设稳步推进，国际合作中心和多电航电综合实验室完成二次结构施工，获得“结构长城杯金奖”；试验能力取得突破，两个北京市重点实验室通过三年绩效考评；专业能力建设持续加强，发布《专业总师系统运行管理细则》；武装“第二块屏幕”和知识管理取得新进展；与上飞院等单位开展预研成果转化对接工作。

三、国际经济技术合作

2018年，北研中心成功举办“第二届COMAC国际科技创新周”，与帝国理工学院、清华大学签署合作备忘录，形成科技合作意向项目，拟建立联合研究机构。联合航天海鹰、格力、GE、达索等企业和机构举办“第二届未来民机发展国际论坛——增材制造技术应用与发展”。

四、重大设施建设

2018年，北研中心实验室建设主要集中在民机先进结构与工艺实验室、多电航电综合实验室两个实验室。其中多电航电综合实验室基建已完成建设，具备设备进厂安装条件，并提交验收申请，部分设备已进厂开展安装调试。

中心科研办公楼、先进结构集成实验室和飞行物理与仿真实验室投入使用，国际合作中心、多电航电综合实验室基本建成。其中先进结构集成实验室具备了多种条件强度试验验证能力、新型结构加工制造能力、结构健康监测及无损检测能力；飞行物理与仿真实验室拥有全沉浸式CAVE系统、大屏幕系统等大型仿真硬件设备，多电航电综合实验室构建多电和航电技术综合试验验证平台，这些国内领先的科研试验设施及试验平台为中心开展商用飞机预研工作提供了良好设施条件。

五、中心改革改制

2018年，北研中心参考国际先进实践经验，围绕业务需求和中心实际情况，建立既有多学科融合、多专业集成、多团队协同的特点，同时具有强矩阵管理模式、柔性化特点的组织机构。北研中心按照“创新组织形态、整合交叉学科、整合管理业务、统筹党委行政组织设置”的原则和思路，在《北研中心组织手册（2015—2016版）》基础上，研究制订并发布《北研中心2018年组织机构改革方案》。2018年12月15日，根据该方案，中心完成了组织机构调整。

调整后形成技术决策咨询机构、科研架构体系、管理架构体系和成果转移转化平台的总体组织架构。其中技术决策咨询机构包括技术决策委员会和科学技术委员会；管理架构体系建立四个管理支撑平台，包括职能部门和研究与管理融合部门，工会与团委单独设置；科研架构体系包括产品论证抓总部门、飞行物理与仿真技术实验室、先进结构集成实验室、先进系统集成实验室和开放中心；成果转移转化平台包括成果转移转化办公室和成果产业化平台公司。

中国航发西安航空发动机有限公司

一、公司基本情况

中国航发西安航空发动机有限公司（简称中国航发西航）始建于1958年，是以资产为纽带、母子公司体制的企业。1998年，经批准进行了现代企业制度改革，成立了国家独资的西安航空发动机（集团）有限公司。2001年，实行债转股，组建了以原中国航空工业第一集团公司和华融资产管理公司为股东的有限责任公司。2007年，西航公司抓住中国粮油集团公司实施战略业务调整的机遇，借壳吉生化实现了主营业务上市。2008年11月20日，控股子公司“西安航空动力股份有限公司”正式成立，成为国内首家航空动力装置整体上市的公司。2013年1月23日，启动重大资产重组事项，经过一年多的筹备，于2014年4月16日获得中国证监会上市公司并购重组委员会无条件通过，并于2014年下半年更名为“中航动力股份有限公司”，2017年更名为“中国航发动力股份有限公司”，重组更名后的中航动力股份有限公司成为我国最大的航空发动机及其衍生产品生产制造、维修基地。中国航发成立后，“西安航空发动机（集团）有限公司”正式更名为“中国航发西安航空发动机有限公司”。

中国航发西航位于陕西省西安市凤城十路，占地面积358.5万米^2，资产总额214.1亿元，在册人员13000余人，共设置规划发展部、科研项目部等23个职能部门和大修厂、叶片中心等17个生产制造分厂/中心，拥有动力国际分公司，天鼎公司、西罗公司等7个子公司。

中国航发西航是国内大中型军民用航空发动机研发生产基地，大型舰船用燃气轮机动力装置生产修理基地，新型环保能源领域研发基地，国内领先、国际一流的高技术加工制造中心。

二、生产经营情况

2018年，中国航发西航科研生产任务全面完成、经济运行质量持续提升、企业改革稳步推进、管理基础进一步夯实，全年实现营业收入88.48亿元，其中，实现民用航空出口交付额2.08亿美元。

三、主要产品

中国航发西航拥有超过上千种产品零件，为全球20多型发动机提供零件配套。在民用航空领域，主要以航空发动机及其衍生产品的零部件转包生产为主，产品涉及发动机压气机、燃烧室、涡轮、机匣等关键部件，包括盘类零件、环类零件、封严类零件、轴类零件、机匣类零件、涡轮叶片和压气机叶片，以及其他结构类零件等。2018年，承接了LEAP、Trent等系列发动机零部件订单，技术含量高、利润高、集成度高的产品市场份额进一步扩大。

四、新产品情况

2018年，中国航发西航持续推进新品试制工作，首次成功向GE公司交付LM9000燃气轮机低压压气机转子一级盘，获得客户高度肯定，是该零件的全球唯一供应商。与罗罗和赛峰开展合作的新一代民用航空发动机Trent XWB、BR700NG、RB3043、T7000、LEAP系列发动机的零部件研制工作，经过大量试验试制，攻克了技术难关，确保了全部新产品成功转入批产。开展“长江”-1000系列发动机核心机燃烧室、高压涡轮、高压涡轮零组件、性能试验件等试制，圆满完成年度各项科研生产任务。

五、航空零部件转包生产

中国航发西航外贸转包产品多数属于航空

发动机的关键件和重要件，工艺复杂、加工难度大、技术条件苛刻，是航空发动机制造技术领域的尖端零部件。近年来，面向国际航空发动机新工艺新技术，规划、建设了满足国际一流航空发动机零部件工艺要求的生产线，目前在加工、计量、检测等方面设备精良、设施齐全，掌握了对盘类零件、环形件、鼓筒轴、涡轮导向器前支撑（FINS）、精密铸造叶片、精密锻造叶片等近千种零件的所有加工工艺，在高效切削技术、电加工技术、喷涂技术、无损检测技术、热处理技术、焊接技术、多轴编程/加工技术、复杂型面扫描测量技术以及薄壁零件变形控制技术等方面达到国内航空制造一流水平。特种工艺继续保持 NADCAP 的 10 大项、37 分项的特种工艺认证，认证范围和数量位居国内同行业领先地位。

2018 年，中国航发西航把握国际民用航空发动机更新换代机遇，积极承接 LEAP、Trent 等系列发动机零部件订单，通过参与全球竞标、与客户签订长期协议等方式，开发新市场，加快订单承揽。围绕“客户、能力、合作、成本、速度”五个方面，打造优质项目团队，提升交付表现，积极参与新型航空发动机研制，成为多家国际航空发动机制造商的重要合作伙伴。由于 LEAP 发动机需求快速增长，2018 年赛峰项目面临近四倍增幅的交付压力，中国航发西航攻坚克难，圆满完成 LEAP 盘交付任务。

六、国际经济技术合作

经过几十年的发展，中国航发西航外贸航空零部件转包生产取得突破性进展，客户遍布全球，先后与 GE 航空、罗罗、普惠、赛峰、MTU 等世界主要航空发动机制造巨头建立了长期稳定的战略合作关系。2018 年，为应对国际新形势带来的挑战，中国航发西航积极调整对外合作战略，充分发掘内部潜力，加强新品研发、产能改进、技术和质量提升等，以更加优质的产品和服务参与国际市场竞争。不断加强与 GE 航空、赛峰、罗罗等国际知名航空发动机企业的合作，加强与客户沟通交流，派代表团出访客户，了解客户需求、学习先进技术，提升生产制造实力。接待罗罗、赛峰、GE 等多家国际著名航空发动机制造商代表团来访，开展了技术交流，打造了良好的企业形象。

七、机构调整和体制改制

近年来，中国航发西航为了加速转型升级，对外贸业务的主力板块——国际业务分公司（简称动力国际）的组织机构进行重新整合，实现了资源配置优化、业务流程简捷、低成本高效率的运营。2018 年，根据客户、项目和产品盈亏状况，积极调整产品结构，提升产品的安全性、可靠性、环保性、经济性。加强转包业务统筹规划和专业化布局，提升转包业务的合作层次、技术含量和盈利能力，收缩不盈利的一般转包业务。大力实施成本工程，进一步完善产品价格管理体系，将市场价格作为目标成本，逐级逐项分解成本要素，控制产品成本，不断提高企业盈利水平，助推外贸业务保持国内同行业领先地位。

中国航发成都发动机有限公司

一、企业基本情况

中国航发成都发动机有限公司（简称中国航发成发），创建于 1958 年，是国家“一五”期间 156 个重点工程项目之一，是以研制生产航空发动机及其衍生产品为主的大型国有企业。1958 年建厂时厂名为国营新都机械厂，军工行业内部编号国营第四二〇厂。1986 年经中国航空工业总公司、成都市工商局批准更名为成都发动机公司。1997 年经中国航空工业总公司批准改制为成都发动机（集团）有限公司。2001 年 12 月，控股子公司四川成发航空科技股份有限公司在上海证券交易所挂牌交易。中国航发成立后，成都发动机（集团）有限公司于 2017 年 3 月更名为中国航发成都发动机有限公司，四川成发航空科技股份有限公司于 2017 年 4 月更名为中国航发航空科技股份有限公司（简称航发科技）。

中国航发成发地处四川省成都市新都区蜀龙大道成发工业园，占地面积 62 万米^2，资产总额 61.2 亿元，在职员工 4299 人。下设 20 个业务管理部门和 3 个中心（产品设计中心、工程技术研究中心、计量理化中心），拥有 1 个控股子公司（航发科技）、1 个分公司、2 个全资子公司、3 个参股子公司。

中国航发成发主营业务是航空发动机研发、制造、销售、修理、服务和外贸转包生产，是多型航空武器装备动力保障单位，是 GE、罗罗、霍尼韦尔等国际知名企业战略供应商。中国航发成发坚持专业化发展道路，致力于打造“国家认定企业技术中心、专业化加工制造平台、航空制造关键核心技术”三位一体的核心竞争力，构建了以国家认定企业技术中心、国家级理化检测中心、国防二级区域计量站、四川省院士（专家）工作站为核心的技术创新平台。企业通过了 ISO 9001（国际质量标准）、GJB 9001B（国军标）和 AS 9100（国际宇航质量标准）质量体系认证，以及热处理、焊接、无损检测、化学处理、涂层和非传统加工等 10 余种特种工艺国际宇航（NADCAP）认证，全面具备了航空发动机研制、生产、试验和试车能力。

经过 60 年航空发动机及其衍生产品的生产，以及 30 多年外贸转包生产和技术积累，中国航发成发掌握了部分先进航空发动机制造技术，机匣、叶片等制造技术达到国际先进水平。

二、生产经营情况

2018 年，中国航发成发聚焦主业、攻坚克难、深化改革，全面推进公司转型升级，经营质量稳中求进。全年实现营业收入 21.29 亿元，其中，外贸转包收入 1.67 亿美元。在民用航空产业方面，全年实现民用航空产品产值 1.15 亿美元，同比略有增长。

三、主要产品

中国航发成发民用航空产品主要有各类机匣件、环形件、蜂窝密封件、钣金件、吊挂件，产品应用机型包括 GEAE 公司的 LEAP 系列、GE9X 系列、GEnx 系列、GP7200、Passport20、CF-34，罗罗公司的遄达 XWB、遄达 1000、遄达 7000、遄达 700、RB211、BR700 及 BR700NG 系列，霍尼韦尔公司的 HTF7000 系列和 HTS900 系列，以及国内商用发动机系列零部件。

四、产品开发与技术进步

（一）产品开发

中国航发成发每年承担多个国际知名航空发动机企业的新产品研发试制。2018 年启动了国际商用航空发动机最新机型零部件试制 22 项，国内商用航空发动机零部件试制 28 项。全年完成包括罗罗公司RB3043燃烧室外机匣和排气机匣同步研发项目5个件号，GEAE转移生产项目3个件号，国内商用发动机风扇增压级单元体、喷管单元体、前承力机匣单元体、后承力机匣部件、级间机匣部件、安装系统部件、外部管路系统、中介机匣刚度、强度试验件、全尺寸风扇增压级试验件等零部件研制交付。

（二）技术进步

2018年9月，中国航发成发突破了T-800涂层关键技术，获得GEAE指定的第三方实验室（METCUT）授予的“高硬度耐磨合金钴钼铬硅（T-800）涂层C类”实验室评估资质，完成了工艺验证，并提交客户待批准，成为国内首家具备T-800工艺资格的供应商。全年获得国家知识产权局授权发明专利15项。

五、重大设施建设

中国航发成发为了提高商用航空发动机零部件研制生产能力，新增工艺设备和厂房投资，启动了车铣复合加工中心、龙门式加工中心、镗铣加工中心、真空炉、X射线机、平衡机等工艺设备建设，同步启动了机加厂房工程建设。

六、企业改革改制

2018年，中国航发成发按照聚焦航空发动机主业和适应新时代航空发动机研制生产的要求，努力推动经营管理模式、生产制造方式转变和产品结构调整，初步形成了军机和民机双轮驱动格局。加大企业体制机制改革力度，重新梳理制定管理制度和管理流程，上收各分（子）公司业务管理权限，实施集中统一管控。推进生产方式转变，开展内部精益生产线试点，培植战略供应商。完成成发地产、普睿玛2个项目投资清理工作和“三供一业”分离移交工作。

中国航发商用航空发动机有限责任公司

一、企业基本情况

中国航发商用航空发动机有限责任公司（简称中国航发商发）成立于2009年1月18日，是由中国航空发动机集团有限公司与上海烟草集团有限责任公司、上海电气（集团）总公司、上海国盛（集团）有限公司共同出资组建的股份多元化企业。公司注册资本60亿元，主要从事商用飞机动力装置及其相关产品的设计、研制、生产、总装、试验、销售、维修、服务。现有职工1700余人，拥有包括235名博士、1048名硕士在内的一大批高素质、创新型科技人才。

中国航发商发作为大涵道比涡扇商用航空发动机总设计师单位和总承制商单位，负责发展国家大涵道比商用航空发动机，产品规划涵盖窄体客机发动机、宽体客机发动机和支线客机发动机三个产品系列，致力于在上海打造商用航空发动机产业基地。公司建有闵行和临港两个基地，以满足商用航空发动机产业从设计开发到产品制造、验证、交付和使用维护全生命周期发展需要。闵行基地位于上海市闵行区，重点建设设计研发和客户服务能力。临港基地位于上海浦东新区的临港产业基地，重点建设总装集成，关键部件制造，整机、零部件、系统试验测试和维护大修能力。

公司秉承“创新驱动、质量制胜、人才强企”发展战略，以“提供商用大涵道比涡扇发动机系列产品及相应服务”为使命，以“成为商用航空发动机全球主制造商之一”为愿景，秉承“责任、包容、开放、共赢”的价值观，构建商用航空发动机的总体集成设计研发、总装制造、适航取证、供应链全面管控、市场营销和客户服务六大核心能力，打造强劲“中国心”，助力实现“中国梦”。

二、主要产品

中国航发商发主要规划发展窄体客机发动机“长江”-1000系列、宽体客机发动机“长江”-2000系列和支线客机发动机“长江”-500系列三个产品系列。

三、新产品情况

2018年，中国航发商发加速推进国产商用航空发动机研制：“长江”-1000AX验证研制项目实现首台整机点火成功；“长江”-1000A发动机研制项目全面推进工程研制和试验验证；“长江”-2000AX发动机研制项目完成主要部件试验验证。中国民用航空局正式接受“长江”-1000A发动机型号合格证申请。

四、国际经济技术合作

2018年，中国航发商发根据项目研制计划，与Carpenter、ATI、Timet、SMC、PCC Structurals、GKN Aerosapce、Aubert&Duval、SKF、FAG等十余家供应商开展合作，完成高温合金棒材、钛合金棒材、精密铸件、轴承以及部分零组件的国外采购交付。全面启动“长江”-1000A产品供应商征选，与GKN、Aubert&Duval、SKF、FAG等国外优势供应商签署谅解备忘录，并与Timet签署战略合作协议，积极推进联合定义等工作。

五、机构调整和体制改制

2018年，中国航发商发被确定为全国“双百行动”综合改革试点企业。公司深入学习贯彻习近平总书记在广东、上海考察的重要讲话精神以及在纪念改革开放40周年大会上的重要讲话精神，加快研究细化全面深化改革的总体方略与实施路径，抓住“双百行动”综合改革重要机遇，破除阻碍发展的体制机制难题，建立和完善现代企业制度，推动依法依规治企；推动三项制度改革，改革工资决定机制，探索研究中长期激励机制，稳定激励核心骨干人才。

通用电气航空（苏州）有限公司

一、企业基本情况

通用电气（GE）公司是全球最大的跨行业经营的科技、制造和服务型企业之一，在全球100多个国家开展业务，员工超过30万人，被美国《财富》杂志连续六年票选为“全球最受推崇的企业”之一。

通用电气航空（苏州）有限公司是由通用电气投资的全资子公司。2007年1月8日通用电气集团在苏州工业园区投资设立了通用电气航空（苏州）有限公司，投资总额6千多万美元，注册资本2200万美元，主要从事生产，组装，测试各类航空用零部件，组装部件，系统等产品以及售后服务。

二、生产经营情况

公司正式投产以来，业务量不断提升，生产产品的种类，产品的附加价值，产品的复杂性，生产工艺的难度和广度，产品生产所涉及的物料品种的计划性和复杂性也有大幅度的提高。目前公司拥有最先进的飞机零部件机械加工技术以及人员。

截至2018年底，通用电气航空苏州总资产74484万元，2018年实现销售收入81808万元，比2017年同期增加33%，2018年利润总额达到9862万元，比2017年同期增加15%。2018年公司着重在飞机发动机部件加工以及复合材料两条生产线，整合设备，节省成本，2108年销售以及利润都稳固提高。

三、主要产品

公司主要从事以下产品的生产和制造：航空发动机零部件主要产品：飞机发动机用叶片以及前段保持架、燃烧室机匣以及支撑环、环形圈、连接件、密封圈等，这些零部件用于CF34，CFM，Passport，GEnx和LEAP发 动机；复合材料主要产品：飞机机翼机构板、装配件、密封板、飞机整流罩以及组件等，这些零件运用于A320、A350的机身和机翼部分。

四、产品开发与技术进步

目前公司没有单独的专利，但是公司的生产技术处于国际领先的水平。

公司重视技术进步和产品的质量。引进六西格玛、精益生产等管理工具，对产品质量流程进行改进，促进了公司质量管理体系、内部流程体系完善，不断提高产品质量和提升工作效率，同时重视安全生产，让员工开开心心上班，安安心心回家。

五、重大基础设施建设

2018年公司固定资产投入12715万元，其中90%用于生产设备投入，主要是投入航空飞机发动机零件产品LEAP和Passport项目以及复合材料A350/A320项目。

新宇航空制造（苏州）有限公司

一、企业基本情况

新宇航空制造（苏州）有限公司（SAM（Suzhou））是新加坡宇航制造集团（SAM）的全资子公司。新加坡宇航制造集团成立于1981年，通过在新加坡、中国、马来西亚、泰国和德国的工厂向世界上主要的航空企业供应各类航空机械制造产品。新宇航空制造（苏州）有限公司前身是1995年成立于苏州工业园区的新达精密机械（苏州）有限公司。2002年12月，SAM增加了在苏州的投资，在苏州园区出口加工区注册成立了新宇航空制造（苏州）有限公司，注册资本为1200万美元，总投资额超过3600万美元。公司占地面积24000米^2，厂房面积13500米^2，现有员工410余人。在设备装备方面，SAM（Suzhou）拥有两条集排产、编程、加工和检验于一身的数控柔性制造系统；在加工工艺方面，具备多种无损探伤检测能力和特殊工艺处理技术；在制造方面，对如镍合金、钛合金、铝合金，以及高强度的不锈钢等硬质高温合金材料进行精密加工。核心产品是飞机发动机叶片、发动机部件、发动机连接件和其他机械零部件。SAM（Suzhou）已经积累了相关的专业技术，能够满足客户的严格要求，提供一站式服务。

二、生产经营情况

公司位于苏州园区出口加工区A区，除个别原材料在国内经客户认证的供应商处采购外，其余的原材料均采购自国外，所有的产品都销往欧美。2018年销售收入为6.4亿元，比2017年同期增长10.34%。公司正处于稳步发展的阶段。

三、主要产品

公司的主要产品可分为两大类：一类是飞机发动机叶片及叶片隔框，有铝合金和镍合金叶片，用于普惠PW4000型发动机及通用电气CF34-8C/E型发动机。另一类是飞机发动机吊架类机械产品，其主要材质是钛合金和镍合金，成熟吊架产品应用于空中客车A320/A330/A340，波音747/777/787，庞巴迪“挑战者”300（Challenger 300），“环球特快”5000（Global 5000），“环球快车”XRS（Global express XRS）等机型。

四、产品开发与技术进步

公司非常注重产品的开发与技术进步。近几年来按照顾客的产品要求生产、检验、装配成套飞机发动机的吊架和吊架主要部件，对产品的制造工艺拥有知识产权。在明确顾客对产品要求的基础上，通过运用自身的技术力量，研发出产品的生产流程和各个流程的制造工艺，结合公司先进的制造技术，独特的检验方法，确保制造出来的飞机发动机吊架顺利通过顾客的各种首件检验要求，实现了顾客对产品的设计要求。

公司工艺部还积极参与了罗罗公司A350XWB吊架和空客A320Neo吊架产品的并行研发，从产品的工艺性和经济性方面提出了大量改进意见，为缩短产品研发周期和降低产品成本做出了贡献。

五、国际经济技术合作

公司为新加坡独资公司，所有客户均为海外客户，所有产品均销往国外，目前暂无与中国相关方进行技术合作的机会和计划。

六、重大设施建设

2018年公司固定资产投入约4222万元，购买了一系列大型机器设备来生产产品，满足客户需求。

厦门太古飞机工程有限公司

一、企业基本情况

厦门太古飞机工程有限公司（简称厦门太古）是香港飞机工程有限公司（简称港机）于1993年7月在厦门设立的大型民用飞机维修工程企业，是亚太地区领先的飞机维修及大修服务提供商。目前拥有约4600名员工。主要股东包括香港飞机工程有限公司、厦门航空工业公司、香港国泰航空公司、日本航空公司、波音商用飞机集团等。

厦门太古和港机均为太古集团下属企业。

二、生产经营情况

截至2018年年底，厦门太古累计进场维修飞机近3200架次；2018年全年完成工业总产值73.4亿元。

三、主要产品

厦门太古拥有5大核心业务：机身服务、航线服务、零部件制造、公务机设计整装方案、技术培训。

（一）机身服务

厦门太古拥有6座双宽体机位机库，提供包括所有主流民航机型的维修检查、客舱整装、客改货等维修工作。其中，维修检查可为波音及空客飞机提供全面的维修服务，主要技术能力涵盖D检、大型维修检查（HMV）及根据客户需求的补充检查。多项机身工程可与维修同时进行，包括客舱翻新、客舱改装和整装、发动机孔探、发动机拆装及更换、起落架拆装及更换、飞机称重和外部喷漆等；整装和客舱内饰安装方面，厦门太古可提供包括项目管理、工程设计、供应商管理、零部件制造、安装以及取证（FAA/EASA/HKCAD/CAAC）在内的完整的全套客舱改装方案。厦门太古在整装和客舱内饰安装方面拥有丰富的经验。迄今为止厦门太古已经完成了超过400个涵盖空客和波音主要机型的客舱改装项目，主要客户包括国泰航空公司等欧亚地区知名航空公司；客改货方面，厦门太古是全球范围内经验最丰富的客改货中心之一，客改货涉及主要机型为波音747–400、波音737–300/400、波音757等。

（二）航线服务

厦门太古是为中国大陆重点航线运营站提供领先航线服务的供应商之一，目前已在中国大陆的11个国际机场开展业务。提供包括过站检查、过夜、日检、周检、故障排除、技术放行、客舱娱乐系统维护、客舱可靠性检查、飞机清洗服务。服务的机型包括空客A380和波音787在内的所有主流民航机型。

（三）零部件制造

得益于港机长久以来卓越的工程成就及与航空原始设备制造商的良好合作关系，厦门太古同时发展了零部件制造的能力，其中包括机加部件、钣金部件、捆装电线、波音747–400BCF客改货复式地板梁制造等涵盖超过3100个零部件编号（PN），逐渐形成集航空零部件开发、数控加工、钣金加工、热表处理加工、复合材料加工、零部件装配、航空线束电缆组装、无损探伤检测与专业人才培训、计量与校准服务、航空维修及改装制造能力配套为一体的飞机零部件制造产业基地。

（四）公务机设计整装方案

厦门太古公务机设计整装中心（方案）能为私人飞机及公务机提供一站式服务，服务内容涵盖工业设计、工程设计和认证、客舱整装、售后服务以及机身维修。它是亚太地区首家获得空中客车公司核准及波音公司授权的公务机及私人飞机客舱设计整装中心。目前，厦门太古已经成功交付了三架ACJ319的绿飞机整装和两架波音737飞机的客舱改装。

（五）培训中心

厦门太古培训中心是国内唯一一家同时获得中国民航局、香港民航处和欧洲航空安全局共同批准的147部维修培训机构和66部维修人员基础执照考点。厦门太古培训中心已经由针对单个学员的培训扩大到与飞机制造公司合作，以及与航空公司签约为新机型维修提供团队培训。

四、产品开发与技术进步

客改货开发：厦门太古与美国波音公司紧密合作，攻克了众多技术难关，取得美国联邦航空局（FAA）和波音BQMS的认证，和合作伙伴一起参与了波音737-700/800和波音767-300等新的改装机型的开发。客改货科研成果主要有：地板梁整装、货舱门切口定位、货舱门整装、改装流程的改进等，至今共完成了65架次的改装工作。下一步还将参与波音767-300、波音737-700/800等机型客改货的开发。

客舱整装：厦门太古客舱整装服务可以提供完整的一揽子客舱解决方案，包括项目管理，工程设计，供应商管理，零部件制造，安装以及取证（FAA/EASA/HKCAD/CAAC）。到目前为止，客舱整装科研成果主要有：波音737/空客A319客舱构型设计改装、波音747-400 PTV改装、波音747-400 LOPA设计等。

威海广泰空港设备股份有限公司

一、企业基本情况

威海广泰空港设备股份有限公司成立于1991年，位于山东省威海市，是一家集空港设备、消防装备、消防报警设备、特种车辆、无人飞行器等产业于一体的多元化集团。公司于2007年1月在深圳证券交易所上市，是国家创新型企业、国家技术创新示范企业、商务部认定对外援助物资项目总承包企业，拥有“国家认定企业技术中心”“国家空港地面设备工程技术研究中心”及“航空地面装备国家地方联合工程实验室”，设立博士后科研工作站。

空港设备业务主要从事各类航空地面设备及配套产品的开发、设计、生产、销售及相关技术服务及培训、检测。是国内规模最大、品种最全的航空地面设备供应商。

无人飞行器业务主要从事无人驾驶航空器（民用航空器除外）的生产；无人驾驶航空器的开发、销售、技术咨询及服务等。

目前公司拥有员工总数2000余人，其中技术人员300多人，包括“泰山学者”1人，高级职称人员38人，中级职称人数112人。下属主要子公司北京中卓时代消防装备科技有限公司、营口新山鹰报警设备有限公司、天津全华时代航天科技发展有限公司、威海广泰特种车辆有限公司等。

二、生产经营情况

2018年，公司紧紧围绕“创新、效率、质量、安全、环保”等经营方针，充分发扬匠心专注、执着追求的精神，全力推进高质量发展。通过全体员工的共同努力，取得良好的经营业绩，公司整体继续保持稳步发展态势。2018年，公司完成航空产业营业收入11.11亿元，同比增长21%。

三、主要产品构成情况

空港设备业务包括机场用集装箱/集装板装载机、飞机牵引车、飞机用电源、飞机气源车、飞机加油车、飞机除冰车、行李传送车、飞机客梯车、飞机食品车、旅客摆渡车、飞机空调车、飞机清污水车、除雪车、行李牵引车、冷吹车、抛雪车、消防车等，产品达36个系列323种型号，覆盖机场的机务、地服、货运、场道维护、油料加注和客航服务六大作业单元，能为一架飞机配齐所有地面设备，是全球空港设备品种最全的供应商。公司产品遍布中国各大航空公司、机场、飞机制造公司和试飞院，出口到亚洲、欧洲、非洲、南美洲和大洋洲的60多个国家和地区。

无人机业务主要从事无人机的研发、量产、销售、培训及飞行服务。主要产品包括军用无人机、固定翼无人机、多旋翼无人机等工业无人机产品。

四、产品开发与技术进步

公司结合市场的发展方向，持续注重技术创新，形成了一套前瞻、高效、快速的新产品研发机制，建立了一支具备较强技术开发能力的团队，专业覆盖面广、人员配套充足。公司拥有行业唯一的“国家空港地面设备工程技术研究中心”，拥有“国家认定企业技术中心”、“航空地面装备制造技术国家地方联合工程实验室”，拥有专家级工程师6名，其中研究员级工程师3名，拥有享受国务院津贴工程师3名。公司在研发方面的投入有力支撑公司技术自主创新。截至2018年，公司拥有空港设备行业专利172项，其中发明专利50项，实用新型专利115项，外观专利7项；拥有无人飞行器行业专利32项，其中发明专利15项，实用新型专利12项，外观专利5项。

公司前瞻储备的智能化新技术及电动产品在2018年进入批量销售阶段。2018年7月成功主办国内行业层面的“空港地面设备电动化技术研讨会”，推动了国家“蓝天保卫战”机场设备电动化进程。公司全系列电动空港设备参加首都机场集团“油改电”工作推进会，获得中国民航局高层领导、北京首都国际机场集团及成员单位的高度认可。

山东太古飞机工程有限公司

一、企业基本情况

山东太古飞机工程有限公司（简称山东太古或STAECO），于1998年10月24日注册成立，于1999年3月27日正式开始营业，注册资本2亿元。公司拥有现代化的维修生产机库5座，标准飞机维修生产线12条，飞机维修专用设备、工具4000余台（套），职工1588人。

公司遵奉“安全、优质、诚信、发展”的经营理念，以“做飞机维修工程服务的顶级专家”为公司愿景。公司主要经营窄体客机、支线飞机维护、检修及相关业务。公司主要业务模块：机体维修（定检维修、重大改装、AOG抢修）、附件维修、航线维护、工程服务、民航培训、加工制造等。公司先后取得CAAC、FAA、EASA、JCAB等世界主要维修执照许可，拥有山东省认定企业技术中心、工程技术中心、国家高新技术企业和技术先进型服务企业，是亚太地区较具有影响力的飞机维修改装基地。

二、主要产品及生产经营情况

2018年，生产经营创历史新高，定检交付飞机共446架次（含改装），交付波音737-800和波音737-300客改货6架次，完成系统海事卫星、HUD、铱星、小翼改装等35架次。工程技术借助DMDOR资质和EASA DOA资质，完成改装设计13项次，审核批准飞机结构超手册修理项目356项。零部件加工制造超过11万个/项，CCAR-147培训完成总课时量近4万，同比均有大幅发展。2018年，公司实现营业收入超过5亿元，第三方客户市场业务占85%以上，国际市场业务占40%。

三、产品开发与技术进步

维修许可证方面，完成了ERJ-190机型2C差异项目、G550机型2000FH/50FC/48M/600APU级别定检等申请工作。缅甸民航局下波音737-800机型增项、新增CAAC下CL-605 1600FH/1200FC/72M/1600ENG H/2000APU H及5项重要改装能力。完成尼泊尔、阿鲁巴（Aruba）145维修许可；截止到2018年底，许可证数量达到15个国家或地区。

航空零部件制造能力方面，取得NADCAP认证，为PMA进入国际市场奠定了基础。2018年完成了11批次约666个部件的PMA部件的增项工作。

工程研发方面，MDA新增1项，累计持有11项。全年完成对波音737NG飞机客改货CAAC改装能力批准，共获得授权专利12项，其中发明专利授权3项。年内完成省级科技项目8项，获批山东省重点研发项目一项、济南市级科技计划重大项目一项。

四、国际经济技术合作

2018年，在基础业务稳健发展的同时，波音737-800BCF项目、中国商飞与西飞民机国产飞机“两干两支”项目不断拓展，使得公司产品结构、市场结构不断优化。

2018年，国际市场进一步开拓，退租检维修业务再创新高，全年完成8架飞机退租交付，新取证机型和新客户稳步增长，实现俄罗斯、泰国、缅甸客户业务稳定送修，新增尼泊尔客户、波音、韩国Airphone、SNA和Jeju客户进场，东南亚市场通道的全面打开。

改装合作方面，签约美国AEI成为波音737/CRJ客改货新方案合作伙伴，持续跟进

A320 机型改装 GDC 合作意向，努力打造中国区域的客改货基地。

五、重大设施建设

2018 年，山东太古日照基地顺利完成 CCAR-145 和 CCAR-147 取证，开启济南、日照双基地运行模式，突破了单一基地的产能制约，有效分流了济南基地机位紧张的局面，实现了“济南、杭州、日照”民航培训业务的三基地运行。

武汉航达航空科技发展有限公司

一、企业基本情况

武汉航达航空科技发展有限公司（简称武汉航达）创建于2000年（前身襄樊航达），于2004年12月整体搬迁至武汉，是一家专业从事民用飞机机载附件、机场加油设备研发、生产，飞机起落架、通航发动机维修的高新技术企业，是我国规模最大、成长性最好的飞机附件维修企业之一。

武汉航达总部坐落于武汉东西湖区，厂房面积约21000米^2。起落架大修厂位于安陆市工业园，厂房面积约23000米^2。长沙分公司位于湖南省长沙县经济开发区，厂房面积约1800米^2。杭州分公司位于浙江省杭州市萧山区瓜沥镇临港工业园，厂房面积约3000米^2。石家庄分公司位于河北省石家庄市正定县正定国际机场河北航空南基地，厂房面积约2000米^2。武汉航达控股子公司昆明航汇科技有限公司位于云南省昆明市经开区春漫大道68号，厂房面积约4000米^2。

武汉航达重视技术积累和研发投入，目前已经成为多种国产飞机的系统供应商，为各类运输机、直升机和ARJ21，C919等国产商用飞机提供系统与零部件。

武汉航达为湖北省高新技术企业，是CAAC（D300023）、FAA（X0WY477Y）、EASA（EASA.145.0434）批准的维修站，并得到美国、欧盟、印尼（145/43200）、越南（VN-245NN/CAAV）、泰国（398/2550）、韩国、印度、马来西亚等国家批准以及中港澳民航当局三地联合认可（JMM010）。

武汉航达保持与时俱进，不断开拓新能力，随着通航的发展，航达开发了不少通航附件的大修能力如：螺旋桨、发动机、发电机、作动器等关键部件，其中飞机螺旋桨能力已取得MT-propeller授权。

武汉航达积极开展与国际知名OEM厂家合作，分别与联合技术系统公司、霍尼韦尔、美捷特、赛峰、利勃海尔、优尼森、帕克、伊顿、波音等OEM厂商分别建立了备件供应与技术支持以及授权维修等全方位的合作关系。2016年武汉航达与霍尼韦尔公司签订授权维修站协议，成为霍尼韦尔的指定授权维修站，为亚太地区客户提供更专业的服务。

航达公司的宗旨是：确保客户飞机，准点起航、安全到达。

二、生产经营情况

2018年武汉航达飞机附件承修51000余件，起落架大修厂承修120余套，产值11.67亿元，较2017年的产值11.26亿元增长3.64%。

三、主要产品

武汉航达已获得6000多项附件维修能力，在液压、气动、燃油、飞行操纵、机载应急设备、起落架、机轮/刹车、仪表、发电机、电气和发动机等附件的维修方面积累了丰富的经验，业务范围涉及波音系列、空客系列、CRJ、ERJ、俄制飞机等多个机型的各类附件。

起落架大修车间建设有全套的表面处理、焊接、喷漆、吹砂、蒸汽除油、喷丸、NDT、三坐标计量等特种工艺能力和车、铣、磨、珩以及数控加工等完整的机加工能力，能够为波音737NG/CL、波音757、波音777、A320系列、A330等机型提供场内一站式大修服务。

长沙分公司，杭州分公司和石家庄分公司辐射周边机场，为客户提供就地保障性项目全方位的服务和技术支持。

控股子公司昆明航汇以云南长水机场为中心辐射整个东南亚地区，为客户提供全方位的服务。

武汉航达研制了FR系列机场地面栓式加油设备，包括成套的地井、地井阀、软管接头和飞机压力加油接嘴等系列产品，产品性能达到了国际先进水平。

武汉航达为ARJ21、“新舟”60、C919配套生产系列拉杆、制冷冲压风门、应急冲压风门等部件，成为国内独立为C919配套的少数几家民营企业之一。

四、产品开发和技术进步

武汉航达以航空技术为依托，发挥多专业优势，加快核心技术向生产力转化步伐，公司研制、开发的系列拉杆、制冷冲压风门、应急冲压风门等部件已为C919配套，目前武汉航达已正式立项为未来宽体大飞机（CR929）进行电环控系统大功率发电机（250千瓦）和水废水系统等项目的预研工作。

武汉航达目前已取得各类专利项目28项，其中飞机主燃油泵测试系统、转液压阻尼器性能测试平台、直升机电动绞车恒载荷控制性能试验平台、可换丝杠的气动加载滚珠丝杠副动态效率试验台和传动轴旋转扭矩加载测试平台均代表国内领先水平。

五、重大基础设施建设

武汉东西湖区政府与武汉航达签约成立航空产业园，项目总投资30亿元，占地320余亩，建筑面积约32万米^2，面向民用、军用、通用航空兴建飞机机载设备系统和附件的研制、生产、维修、服务基地及配套设施。

项目分两期建成：一期投资15亿元，建设产品研发装配试验楼17000米^2，生产厂房设施86000米^2，配套生活设施10000米^2。二期投资15亿元，建设工艺技术楼29950米^2，生产及服务设施165000米^2，配套生活设施12000米^2。

项目建成投产后，预计年研制、生产ARJ21、C919、“新舟”系列、通航飞机等民用飞机附件10万余件，维修通航发动机、飞机起落架、飞机复合材料等各类飞机附件10万件，提供航材租赁服务10万次，年产值预计可达50亿元，年利税达8亿元。

深圳市大疆创新科技有限公司

一、企业基本情况

深圳市大疆创新科技有限公司成立于2006年，是全球领先的无人飞行器控制系统及无人机解决方案的研发和生产商，产品线涵盖高端无人机飞行控制系统及地面站系统、专业影视航拍飞行平台、顶级商用云台系统、高清远距离数字图像传输系统、专业级无线遥控和成像终端以及最智能的模型飞行器产品。公司以“The Future of Possible（未来无所不能）”为主旨理念，致力于成为全球飞行影像系统先驱。技术创新是公司的发展命脉，以梦想为源动力，凭借精湛的技术力量和高端人才力量，公司从商用自主飞行控制系统起步，填补了国内多项技术空白，在全球同行业中独占鳌头，重新定义了“中国制造”的内涵，带给世界极大震撼。

二、生产经营状况

公司现有员工14000多人，2016年销售额约100亿元，2017年销售额约180亿元产值，2018年销售额约138亿元，产品已经远销133个国家和地区。大疆创新无人机产品80%出口海外，据统计，大疆2018年已占据全球消费级无人机市场80%份额。

三、产品开发与技术进步

2018年，大疆一共发布了14款新品，包括灵眸手机云台、如影Ronin-S手持云天、“御”Mavic Air、禅思XT2双光热成像相机、DJI大师摇轮、DJI体感控制器专业版、“精灵”Phantom 4 Pro V2.0专业版、Spark布朗熊版、“御”Mavic 2消费级旗舰无人机、“御”Mavic 2行业版、灵眸Osmo口袋云台相机、T16植保无人飞机、“御”Mavic 2行业双光版。“御”Mavic Air被英国《卫报》评为2018年Top20最佳数码产品、灵眸手机云台2被The Verge评选为2018 CES最佳配件。2018年11月，大疆发布了灵眸Osmo口袋云台相机，这是大疆迄今为止最小的三轴机械增稳云台相机。机身轻巧，拍摄便携，智能且配备独立屏幕。这款云台相机受到了广大消费者的追捧。

为了增加企业研究开发新技术、新产品的持续能力，提升企业的竞争力，公司一直重视技术创新中的产学研方式，公司一直与全国高校、院所保持紧密的校企合作，如香港科技大学、清华大学、武汉大学、哈尔滨工业大学、华中科技大学及武汉大学等，以共同谋发展求进步。公司视研发为公司业务的增长动力，希望不断增强研发团队，吸引优秀的专业人才，以更快的速度开发出更多新产品，大幅度提升公司的产品创新能力。

同时，大疆创新对研发的投入不做上限，近3个会计年度2016—2018年的研究开发费用支出金额分别为62853.41万元、101985.02万元、151879.65万元，占近3个会计年度销售收入总额的比例分别为22.32%、20.65%、36.32%。

作为国家级高新技术企业，大疆创新一直非常重视知识产权的创造、管理、实施与保护工作，坚持以自主创新作为公司的经营方针，积极创造自主知识产权，并形成了知识产权保护的立体网络。公司自成立之日起就开始进行知识产权的相关申请工作，公司国内外专利年均申请总量增长保持2～3倍，截至2018年12月31日，公司专利申请量达到7100多项，其中已获授权专利1939项，PCT专利申请达2622项。连续两年国内企业PCT专利申请量排名前十。公司已获得深圳市专利奖、广东省专利金奖、中国发明专利优秀奖、中国外观设计金奖、中国商标金奖、马德里特别奖和商标创新奖、深圳市知识产权优秀企业等荣誉。

珠海保税区摩天宇航空发动机维修有限公司

一、企业基本情况

珠海保税区摩天宇航空发动机维修有限公司（简称珠海摩天宇），是中国南方股份有限公司与德国 MTU 航空发动机公司（MTU Aero Engines AG）各出资 50% 共同组建的中外合资企业。公司落户于珠海保税区，总投资 1.89 亿美元，合资期限为 30 年。自 2003 年 1 月正式营运以来，已先后获得 CAAC、EASA、FAA、JCAB，以及巴西、沙特阿拉伯、印度尼西亚、印度、越南、泰国、菲律宾、智利、卡塔尔、新加坡和马来西亚等国家的适航维修许可证。公司的客户遍布中国、亚洲以及欧美多国。珠海摩天宇占地总面积达 156000 米^2，建筑面积约 42000 米^2，为国内迄今为止投资规模最大、维修等级最高的民用航空发动机维修基地，截止到 2018 年 12 月 31 日在册有员工 908 人。

二、主要产品和服务

公司的主要产品包括 V2500-A5 和 CFM56-3、CFM56-5B、CFM56-7B 四个型号发动机的维护、修理和翻修。除了发动机的修理和翻修外，珠海摩天宇还向客户提供多种附加服务，如备用发动机租赁、现场及在翼维修、航线可更换件支持（LRU）、24 小时航线应急支援（AOG）、向原 OEM 保修索赔（新发动机保修期内）、现场技术支持、工程技术支持、量身定制的维修方案、EGT 裕度、固定价格担保等。

三、产品开发和业务规模

珠海摩天宇公司于 2001 年 4 月 6 日取得营业执照，同年 5 月工程正式动工并于 2002 年 11 月主体工程竣工；2003 年，第一台 V2500 及第一台 CFM56-3 发动机相继进厂维修，标志着工厂正式投产营运。2006 年，第一台 CFM56-5B 及第一台 CFM56-7B 的进厂维修，使公司具备了维修 CFM 全系列发动机的能力。2008 年中，公司迎来了第 500 台发动机的进厂。2012 年 11 月完成厂房二期扩建工程项目，目前产能达到年维修 300 台发动机。2014 年，公司开发了 CFM34-10 发动机的在翼维修能力。

最近几年，公司不断深化全球化市场布局和资源整合，关注中东、美洲、东亚和东南亚等市场的扩张机会，力推企业战略和战术层面的工作协同，从“组织、资源、效率”入手，推进公司组织架构、产品、生产流程的优化，提升了公司的业务管理和资源运营效率；稳步推进发动机的租赁业务，开展发动机小时保修的服务新模式，加大科技创新和投入，进一步推进公司国际化进程。目前公司计划开展新一代发动机型号的维护、维修及大修能力。

2013 年公司修理了 202 台发动机，产值 32.6 亿元。2014 年公司修理了 215 台发动机，产值 38.9 亿元，较 2013 年增长 19.3%。2015 年公司修理了 242 台发动机，产值 44.4 亿元，较 2014 年增长了 14.1% 。2016 年公司修理了 260 台发动机，产值 50.2 亿元，较 2015 年增长 13.06%。2017 年公司修理了 288 台发动机，产值 67.35 亿元，较 2016 年增长 34.16%。公司 2018 年实现工业产值 806163.6 万元，同比增长 19.7%。2018 年度维修飞机发动机数量达到 299 台。公司提供了全球约 9.3% 的 V2500 发动机和 6% 的 CFM56 系列发动机的维修服务。

四、国际技术合作和核心技术能力

为突破发动机维修的技术壁垒，提高珠海

摩天宇的维修能力，珠海摩天宇与MTU集团旗下的6家企业在资源、能力、技术、管理、营销、服务、人力资源等方面开展广泛的合作，通过与MTU各维修基地之间进行全面的技术交流和技术项目转让，珠海摩天宇在零部件清洗、高压水剥离、无损探伤检测、表面处理、焊接、机加工、等离子喷涂、热处理、电镀、涂层剥离和高速磨削等方面具备了行业内最高标准的技术能力，能够为客户提供MTU全球标准的维修质量和创新服务。

珠海摩天宇秉承“多修理少换件”的理念，在兼顾客户成本的利益同时，提供高水准的维修质量，不断创新维修工艺，向客户提供尖端的维修服务。除了高速磨削这样先进高效的标准化加工处理技术之外，珠海摩天宇还提供各种数控检查与制造、发动机零部件清洗、无损探伤、机械加工、钣金及焊接、真空热处理、喷丸、喷漆、钎焊、高压水剥离、钨极惰性气体保护焊接、转子叶尖高速磨削、电镀及涂层剥离、等离子喷涂等特殊处理技术。

MTU各维修厂之间广泛的经验和技术交流使珠海摩天宇的修理技术得到不断完善，各维修厂也互相取长补短。由此，客户不但能受益于MTU掌握的发动机原厂商专业知识，而且能享受到MTU提供的客户至上的优质服务。

珠海摩天宇具备V2500–A5和CFM56–3/5B/7B所有单元体、零配件的拆装和80% ~ 85%的发动机零部件的深度维修能力，维修项目达4000多项，能够出具发动机整体及14413个发动机部件（件号）的产品合格证明。公司现已拥有专利32项，其中发明专利7项，实用新型25项，另有5项专利在申报中；申请并获得软件著作权15项。未来几年，公司将投资开发用于空客A320NEO、波音737MAX和国产大飞机C919的新型发动机维修能力（LEAP–X、PW1100G）。

五、重大设施建设

珠海摩天宇的试车台是当今世界上最大、最先进的试车台之一。试车台长100米、中部宽高均为13米、进气道和排气道高30米，适用于推力在15万磅范围内所有类型商务航空发动机的测试，测试能力可达每年500台。珠海摩天宇在2015年购买并安装了第三台立式车床，目前已经完全投入使用。并在2016年购买了高真空钎焊炉来用于V2500、CFM56系列民用航空发动机零部件的所有热处理。该设备于2016年11月完成了设备的预接受和相关指标测试。正式投入使用后，公司零部件热处理能力将扩大一倍，可以更好地完成发动机大修。使得公司能够更有效地为客户提供优秀的发动机翻修技术服务。公司计划2019年开始对现有主厂房进行扩建，从而使得在2020年实现企业年维修能力450台发动机的资源配置。

广州飞机维修工程有限公司

一、企业基本情况

广州飞机维修工程有限公司（GAMECO）是目前国内排名前列的大型综合性民航维修企业，公司成立于 1989 年 10 月 28 日，总部位于广州白云国际机场，注册资本 6500 万美元，是由中国南方航空股份有限公司、和记黄埔飞机维修投资（香港）有限公司以及南华国际飞机工程（香港）有限公司共同合资经营，其中中国南方航空股份有限公司持有 50% 的股份，南华国际飞机工程有限公司、香港和记黄埔飞机维修投资有限公司各持 25% 的股份。公司现有员工人数 5000 多人，其中大专学历以上员工占 78%。

GAMECO 拥有 CAAC、FAA、EASA 等 20 个国家和地区适航当局批准的民用航空器维修许可证，具备飞机大修及改装、航线维修、附件维修、工程技术服务、航材管理服务和培训服务等全面的维修服务能力。

公司在广州的维修设施主要分成三个部分：（1）位于广州白云国际机场北区约 16.2 万米 ^{2} 的公司总部设施，包括两座飞机大修机库及相关设施；（2）位于广州市区（旧机场）2 万多平方米的附件维修中心；（3）位于广州白云国际机场候机楼约 2 千米 ^{2} 的航线维修设施。

一期飞机维修机库总跨度 350 米，总建筑面积 9.6 万米 ^{2}，可同时容纳四架宽体飞机（波音 747、空客 A380）和 5 架窄体飞机（波音 737、波音 757 和空客 A320）在内维修。同时拥有一个独立的全天候喷漆机库，可容纳一架 A380 或波音 747 飞机。此外，还包括约 4000 米 ^{2} 拥有先进环境控制系统的航材仓库和 2000 米 ^{2} 的公共保税仓。二期机库建筑面积 6.6 万米 ^{2}，可以同时为 8 架窄体飞机开展定检维修。

除广州总部以外，GAMECO 还在重庆市、广东省清远市设立了分公司，在上海市浦东机场设立了维修站，开展飞机航线维修、飞机机载设备（起落架）维修业务。2017 年 12 月注册新西兰分公司，2018 年 2 月注册澳大利亚分公司，在澳大利亚和新西兰 3 个机场开展航线维修业务。

公司是高新技术企业、广东省飞机维修工程技术研究中心企业、广州海关 AEO 企业、广州市劳动关系和谐 AAA 级企业；在航空周刊（Aviation Week）2016 年度机体维修工时排名中，位居全球前十位。

二、生产经营情况

2018 年，GAMECO 完成近 200 架次 C 检，平均准时出厂率达到 85.2%。2018 年通过持续关注和监控飞机吻合率、完成率，为 APS 的“施工有序”“工作有标准”服务，实现对整架飞机定检工作的全程跟踪和效率控制。

三、主要产品

GAMECO 的主要业务是为中外航空公司提供高质量、快捷及经济的飞机维修服务，经营范围包括：航线和周期性维护及特种检查；结构修理及零件翻修；APU 及发动机热部件、冷部件检修以及单元体更换和检修；适航及服务改装；飞机损伤修理；飞机翻新、喷漆、内部装修；提供特种车辆服务和维修，地面设备修理、制造及零备件加工；外来加工，外来咨询，外来培训及其他技术工程；航空器材进出口销售；航空器材仓储、工具设备租赁及自制专用工具设备销售。

GAMECO 飞机维修业务所涵盖的机型包括：波音 737/747/757/767/777/787 系列，空客 A300/A310/A320/A330/A380 系列及 EMB145/EMB190 等目前国内常见机型。

GAMECO 附件维修能力覆盖液压、气动、燃油、飞行操纵、机载应急设备、起落架、机轮/刹车、无线电、机载计算机、仪表、娱乐系统、发电机、电气附件等几乎全部附件种类，拥有国内最完备的飞机附件维修能力。

四、产品开发与技术进步

GAMECO是国家“高新技术企业”及广东省飞机维修工程技术研究中心企业。目前，公司每年开展科技创新项目约60项、研发费投入近亿元。公司拥有发明专利27项、实用新型专利107项，每年还新增专利申报20多项，是国内拥有知识产权数量最多的航空维修企业。为了适应当前新机型、新技术发展，GAMECO以大数据分析、智能机器人、移动信息化等技术为基础，积极探索“智能维修”。

公司还鼓励“五小”创新工作，推进10项重点“五小”项目，2018年“五小”创新成果共158项，评出49个优秀项目。推进创建劳模创新工作室，评选并挂牌了3个公司劳模（高技能人才）创新工作室，其中2个已获得中国南方航空股份有限公司劳模（高技能人才）创新工作室的挂牌。

五、重大基础设施建设

GAMECO于2018年筹备建设三期机库、飞机附件维修基地、飞机PMA零部件制造车间。

深圳中集天达空港设备有限公司

一、企业基本情况

深圳中集天达空港设备有限公司（简称中集天达）是一家专门从事空港设备和现代物流设备开发、设计、制造、咨询及维修的专业化公司，成立于 1992 年 7 月 18 日，注册资本为 1350 万美元，隶属于中国国际海运集装箱（集团）股份有限公司。主要产品有全系列旅客登机桥、港口旅客登船桥、机场航空货物处理系统、旅客行李处理系统、飞机泊位引导系统、站坪特种车辆（摆渡车、食品车、升降平台车和军用货物装卸运输平台等）、自动化仓储物流系统、自动化立体停车系统等。

二、生产经营情况

中集天达从 2012 年开始，陆续收购了机场摆渡车生产商民航协发，2013 年收购了机场平台车生产商法国 AM 公司，2014 年反向收购了机场行李系统生产商新加坡德利国际公司，公司业务板块正逐渐扩大，向国际化大企业迈进。2018 年实现营业收入 13.55 亿元，净利润 1.46 亿元，纳税额 0.54 亿元。

三、产品开发与技术进步

拥有职工 1015 人，其中研发人员约 300 人，占总人数 30% 左右。为更好地集中人力、物力等进行研究开发，公司成立了运作事业部 PBB 研发部，细分液压系统 &CAE 技术组、机械装修 & 设计组、新产品 & 标准化组和 VIDGS 组。经过 27 年的研发投入、不断创新，公司知识产权数量不断增加、质量不断提升，已获得授权和在申请的各项专利有 437 件，在世界同行业遥遥领先。

四、国际经济技术合作

登机桥产品现已销售全球各地，为智利圣地亚哥机场、沙特阿巴哈（Abha）机场、阿姆斯特丹机场、澳大利亚墨尔本机场、比利时布鲁塞尔机场等国内外知名机场共计输出 600 多台登机桥。截至目前，中集天达已将登机桥产品打入全球 312 个机场，覆盖国家（地区）70 个，其中国际机场 143 个，国外业务占比 5 成，所建造的近 6000 台登机桥，总量占全球市场份额约 40%，为全球的航空旅客提供安全舒适的保障。

四川国际航空发动机维修有限公司

一、企业基本情况

四川国际航空发动机维修有限公司（简称SSAMC）成立于1999年，前身为四川斯奈克玛航空发动机维修有限公司，是国内第一家致力于CFM56发动机维修和修理的中外合资企业，主要从事CFM56航空发动机的维修、修理、检修和其他相关服务，相关零部件的制造和维修；为加工复出口产品所需的航空器材、外商在国内暂存的航空器材以及经海关批准的其他航空器材提供仓储和报关服务等。SSAMC目前位于四川省成都市中国（四川）自由贸易试验区内，注册资本为8800万美元。公司的股东结构为：中国国际航空公司（简称国航），占股份60%；CFMI公司（简称CFMI），占股份40%。

二、生产经营情况

截至2018年底，公司共有员工436人，大专以上人员386人，平均年龄34岁。2018年公司完成139台发动机修理，全年实现营业收入251689.77万元，净利润13314.72万元。

SSAMC现持有中国民用航空局、美国联邦航空局、欧洲航空安全局颁发的维修许可证及多家航空公司的合格维修商证书；通过了ISO9001/AS9110质量体系认证；通过了ISO14000和OHSAS18000环境安全体系认证；被评为2018年全国技术先进性服务企业，累计拥有国家专利19项。

SSAMC是中国唯一的CFM56系列发动机OEM（原始制造厂）修理厂，也是全球唯一的CFMI授权的维修站。其维修的CFM56系列发动机安装于目前全球最先进，技术水平最高，使用可靠性最强，民用客机市场份额最大的两款机型上如空客A319/A320/A321和波音737-300/400/500/600/700/800等客机。作为中国最具CFM56 MRO经验的航空发动机维修企业，SSAMC能及时分享所有OEM的发动机设计、制造、技术改进信息及其有关CFM56系列发动机维修和车间修理积累的经验，中国客户在国内就能便利地享受到世界顶尖级修理站提供的CFM56系列发动机MRO服务。公司在巩固国内已有的客户群同时，积极开拓国际市场，现在公司的境外服务不断增加，国内外客户达到40家以上，累计大修完成了超1000台航空发动机。SSAMC还承担了航空发动机在翼维修和其他服务，该项业务已经超过1500例，其中在成都双流国际机场完成的该业务量占到40%。SSAMC自1999年成立以来，所修理的发动机没有发生过责任原因的空中停车。SSAMC成功地将中国国际航空公司与CFM公司的应用广泛的专业技术相结合，使之成为一流的航空发动机维修工厂。

根据预测，中国民航将会继续保持较高的增长速度，SSAMC未来15年将处于快速增长期，绝大部分为已锁定客户工作量，国内国际市场的比例预测为55%和45%。为适应国内民用航空维修业的发展，提高SSAMC航空发动机修理产能，提升公司国际竞争力，2013年6月成都财富论坛期间，SSAMC与双流县签署投资协议，决定在成都综保区双流园区建设航空发动机保税维修基地。项目总规划净用地面积202亩，预计总投资9亿元，分三期实施。在一期工程完成后，新厂房将可以达到300SV/年的产量，从而可以在未来15年满足国航集团内部对CFM发动机的维修需求。

三、产品开发与技术进步

四川国际航空发动机保税维修项目（一期）已通过竣工验收，占地面积110亩，建筑面积43880多平方米，一期总投资达4亿元；2018年3月22日新厂房正式投产运营，其年维修、修理和大修的航空发动机数量将增至 300 台，比肩世界先进水平。第二期和第三期关系到公司未来的发展潜力和未来的市场容量。这个新机会的出现可能会使 SSAMC 的产量翻番。而这个发展潜力可以用来应对新一代发动机的维修业务、新的客户群或者是设置新的试车台。该项目完全投运后，年维修能力将达 600 台，将成为亚洲最大、具有全球竞争力的航空发动机维修基地。

SSAMC 新厂房设有双 U 形修理流程，精益概念的修理流程，两条平行总装线——更多的灵活性、喷淋式消防保护系统，所有零部件均可经射频技术跟踪，通过精细授权管理的控制和安全准入系统，实现空调系统全覆盖（温湿度控制及气滤控制）；同时新厂房引进的国际顶尖的发动机滑轨系统、清洗线和荧光探伤线、立式磨床和高速磨床，以及自动化集件系统。SSAMC 新厂房正式投入运营后，将开启更多机位为客户提供维修服务，并为客户节省关税支出，从而降低成本；此外，运输时间和修理周期也有所缩减；相信有了更为人性化的工作环境与先进设备的技术支持，工作效率将大幅提升，修理能力和质量也将实现新突破。

四、国际经济技术合作

SSAMC 还瞄准了 CFM 全新的 LEAP 发动机的维修市场。2017 年 10 月，SSAMC 与 SAE 签订了 LEAP 发动机相关的维修协议。众所周知，LEAP 系列发动机是由发动机制造商 CFM 国际公司，美国通用电气（GE）与法国赛峰集团（SNECMA）联合生产制造的新一代发动机，它代表了由 CFM 国际公司设计和生产的商用客机推动系统的前沿科技。这种新型的 LEAP 发动机主要装备于空客 A320 Neo，波音 737 MAX 和中国商飞的 C919。SSAMC 承担着 LEAP 发动机在中国的运营服役及售后服务工作，2018 年 10 月，SSAMC 向客户交付了第一台厂内维修的 LEAP 发动机，截至 2018 年底，SSAMC 组建的 LEAP 在翼支援（OSS）队伍已向国内客户提供了超百次的 LEAP 发动机在翼修理服务；未来随着 LEAP 发动机的使用范围增加，SSAMC 将逐步为 LEAP 发动机提供更加全面的 MRO 维修服务。SSAMC 凭借自身过硬的维修品质，在中国领先承接这种新型发动机的维修工作。SSAMC 也是全球为数不多的能承接这种新型发动机维修工作的维修站。

由于 SSAMC 位于成都高新综合保税园区内，这将缩短发动机维修周期，降低发动机修理成本，避免境外发动机入境修理保证金的资金占用和提升 SSAMC 在国际市场上的品牌效应；同时公司也在不断提升高科技产能，开发新型修理业务，如发动机燃烧室修理。飞机发动机燃烧室是飞机发动机最为核心的部件之一，如果成功开发燃烧室修理业务，在增加公司收益的同时，也能够增加公司的技术储备，并丰富公司的修理种类，更为重要的是因为国内暂时还没有能够修此部件的企业，所以标志着 SSAMC 的维修能力达到一个新的高度。

SSAMC 在享受 CFM 的前沿科技和来自 OEM 的先进技术支援的同时，采用最先进的生产设备，开发新的修理机型、提升修理能力，为不断引领技术创新，占领科技和管理高地，持续打造高新技术和产业。SSAMC 不仅为员工提供适宜的工作环境和发展机会，为股东实现良好业绩，也为客户提供优质解决方案，SSAMC 将成为世界领先的 CFMI 发动机维修服务商。

1.1　全国民用航空工业企业综合情况（见表 1–1）

表 1–1　全国民用航空工业企业综合情况

指标	计量单位	2018 年	2017 年	指标	计量单位	2018 年	2017 年
单位数	**个**	**159**	**160**	**工业总产值**	**万元**	**30151126**	**27440342**
国有企业	个	23	50	**民用航空产品产值**	万元	7771108	6512511
有限责任公司	个	72	60	民用飞机（不含无人机）产品产值	万元	646207	515615
股份有限公司	个	20	20	民用飞机零部件产品产值	万元	1399495	1430625
私营公司	个	25	18	民用航空发动机产品产值	万元	1045	1084
其他内资	个	3		民用航空发动机零部件产品产值	万元	610114	408005
港澳台商投资、外商投资	个	16	12	民用飞机机载系统和设备产值	万元	7733	40327
全部从业人员人数	万人	35.5	34.8	民用飞机机载系统和设备零部件产值	万元	16420	7742
民用飞机（不含无人机）累计交付数量	架	1663	1554	其他民用航空产品及零部件产值	万元	302279	287359
民用飞机（不含无人机）本年交付数量	架	109	107	民用飞机修理产值	万元	1583810	1386091
民用飞机（不含无人机）本年交付金额	万元	322742	131042	民用航空发动机修理产值	万元	1159542	674070
无人机本年交付数量	架	1827039	2489783	其他民用航空产品及零部件修理产值	万元	355312	45961
无人机本年交付金额	万元	1167910	1153911	民用飞机机载系统和设备修理产值	万元	28904	41472
民用飞机（不含无人机）新增确认订单	架	116	206	无人机产品产值	万元	1660248	1674160
民用飞机（不含无人机）新增意向订单	架	66	222	资产合计	万元	59109375	54405581
无人机新增确认订单	架	2833513	1623547	营业收入	万元	31139390	27938454
无人机新增意向订单	架	850682	547059	**民用航空产品收入**	万元	7595315	5854359
民用飞机（不含无人机）储备确认订单	架	573	531	营业成本	万元	26244842	22748984

表 1-1（续）

指标	计量单位	2018 年	2017 年	指标	计量单位	2018 年	2017 年
民用飞机（不含无人机）储备意向订单	架	825	767	利润总额	万元	1464959	1395908
无人机储备确认订单	架	1133212	633045	总资产贡献率	%	3.9	4.3
无人机储备意向订单	架	340302	202023	资本保值增值率	%	102.1	121.2
民用航空产品转包生产	—	—	—	资产负债率	%	59.6	57.1
民用航空产品转包生产交付金额	**万美元**	182308	196751	流动资产周转次数	次 / 年	89.2	87.1
民用飞机零部件	万美元	105797	125897	成本费用利润率	%	5.6	6.1
民用发动机零部件	万美元	68415	65347	产品销售率	%	96.4	96.5
民用飞机机载系统和设备零部件	万美元	845	495	民用航空产品固定资产投资	万元	439980	411469
其他民用航空产品及零部件	万美元	7251	5011	民用航空产品（R&D）经费支出	万元	1456894	1245271
民用航空产品转包生产新增订单	**万美元**	220909	279960				
民用飞机零部件	万美元	137072	216903				
民用发动机零部件	万美元	77770	59301				
民用飞机机载系统和设备零部件	万美元	736	548				
其他民用航空产品及零部件	万美元	5332	3207				
民用航空产品转包生产储备订单	万美元	541617	464342				
民用飞机零部件	万美元	477878	405932				
民用发动机零部件	万美元	60723	55839				
民用飞机机载系统和设备零部件	万美元	425	210				
其他民用航空产品及零部件	万美元	2591	2361				

第四部分

中国民用航空工业统计数据

1　综合情况

1.2　2018 年全国民用航空工业企业主要经济指标（见表 1–2）

表 1–2　2018 年全国民用航空工业企业主要经济指标

指标	单位数 / 个	全部从业人员人数 / 人	民用航空产品产值 / 万元	民用航空产品销售收入 / 万元
全国总计	**159**	**355381**	**7771108**	**7595315**
按注册登记类型分				
内资企业	143	314961	2875375	2834866
国有企业	23	35381	41116	319815
有限责任公司	72	245289	2571543	2222872
股份有限公司	20	30249	197611	229406
私营企业	25	3818	61712	59954
其他内资	3	224	3393	2819
港澳台商投资企业	6	24733	2794658	2576621
外商投资企业	10	15687	2101075	2183828
按三大经济地带分				
东部地区	72	116080	5812113	5710604
中部地区	43	93327	394014	397603
西部地区	44	145974	1564981	1487108
总计中				
中国航空工业集团有限公司	49	194871	1407767	1341200
中国商用飞机有限责任公司	6	12441	549114	539631
中国航天科工集团有限公司	3	2153	14621	21782
中国航空发动机集团有限公司	13	68102	425173	428151
地方民用航空工业企业	88	77814	5374433	5264551

1.3　2018 年各地区民用航空工业企业主要经济指标（见表 1–3）

表 1–3　2018 年各地区民用航空工业企业主要经济指标

地区	单位数 / 个	全部从业人员人数 / 人	民用航空产品产值 / 万元	民用航空产品销售收入 / 万元
全国总计	**159**	**355381**	**7771108**	**7595315**
北　京	14	20751	849268	902860
天　津	8	4047	103128	181444
河　北	2	3373	10094	19096
辽　宁	5	32536	260997	219359
吉　林	2	1816	1050	1250
黑龙江	2	12850	80767	135564
上　海	8	16500	554898	518253
江　苏	6	6493	168130	169295
浙　江	14	2545	68373	66921
安　徽	2	1690	3495	5726
江　西	5	16438	71701	58154
山　东	5	3189	167791	169375
河　南	4	31903	11192	9371
湖　北	6	8337	139866	121688
湖　南	21	18608	85520	64806
广　东	9	22112	2895118	2729684
四　川	14	46351	577534	569834
贵　州	12	19302	83717	78755
陕　西	16	78818	897100	831996
甘　肃	2	1503	6630	6522
其他省份	2	6219	734739	735362
总计中				
中国航空工业集团有限公司	49	194871	1407767	1341200
中国商用飞机有限责任公司	6	12441	549114	539631
中国航天科工集团有限公司	3	2153	14621	21782
中国航空发动机集团有限公司	13	68102	425173	428151
地方民用航空工业企业	88	77814	5374433	5264551

2　产品交付、新增和储备订单及转包生产情况

2.1　全国民用航空产品交付情况（见表 2-1）

表 2-1　全国民用航空产品交付情况　　万元

产品名称	2018 年	2017 年	2016 年	2015 年	2014 年	2018 年比 2017 年同期增长 / %
民用飞机交付金额总计	**6714089**	**5326825**	**7160003**	**6604559**	**5672844**	**26.0**
民用飞机（不含无人机）整机	322742	131042	3446121	3195784.51	2466567	146.3
其中：引进总装线生产飞机	74605	52485	3347269	3000000	2159949	42.1
民用航空发动机整机	409	7280	2338	4948	1511	-94.4
民用飞机零部件	1219956	1080857	881104	832889.36	987871	12.9
民用飞机机载系统和设备	16986	24359	18854			-30.3
民用航空发动机零部件	581789	449311	432408	350957.09	347960	29.5
其他民用航空产品及零部件	315456	359191	215629	167040.35	282193	-12.2
民用飞机机载系统和设备零部件	20649	11856	3622			74.2
民用飞机修理（不含发动机）	1563647	1265980	699944	792816.75	779003	23.5
民用航空发动机修理	1156371	673509	503746	445249	390779	71.7
民用飞机机载系统和设备零部件修理	18277	21116	5845			-13.4
其他民用航空产品及零部件修理	329897	148412	113057	176543.15	132419	122.3
无人机产品	1167910	1153911	837336	638330	284541	1.2

2.2 各地区民用航空产品交付情况（见表 2–2）

表 2–2 各地区民用航空产品交付情况

万元

地区	2018 年	2017 年	2016 年	2015 年	2014 年	2018 年比 2017 年同期增长 /%
全国总计	**6714089**	**5326825**	**7160003**	**6604559**	**5672844**	**26.0**
北 京	850131	47661	31877	70832	27899	1683.7
天 津	88531	67959	3359202	2181973	1738396	30.3
河 北	13305	26097	48242	41922	23441	–49.0
辽 宁	263175	257154	202216	165894	154937	2.3
吉 林	877	746	714	111	346	17.6
黑龙江	10095	7693	27462	112011	126822	31.2
上 海	233914	88243	50451	51409	45395	165.1
江 苏	171696	140991	60771	136705	100954	21.8
浙 江	58891	43465	46404	10782	3879	35.5
安 徽	2851	3270	778	1161	3319	–12.8
江 西	54146	40562	10590	63526	43218	33.5
山 东	167200	153108	107138	112357	101357	9.2
河 南	10033	10470	3598	5372	523	–4.2
湖 北	103553	115417	112665	103317	103569	–10.3
湖 南	65116	41320	65972	29337	20238	57.6
广 东	2351209	2202701	1448458	1032434	648071	6.7
四 川	544422	561970	199919	230126	157444	–3.1
贵 州	91636	79225	59003	59993	57236	15.7
陕 西	892906	755665	669665	749284	655821	18.2
甘 肃	5040	7959	1040	224	770	–36.7
其他省份	735362	675149	653836	1445789	1659209	8.9
总计中						
中国航空工业集团有限公司	1300870	1078316	926335	1290074	1507632	20.6
中国商用飞机有限责任公司	229800	87933	50270	52251	50978	161.3
中国航天科工集团有限公司	16011	17430	11451	11474	7266	–8.1
中国航空发动机集团有限公司	402175	358865	348839			12.1
地方民用航空工业企业	4765233	3784281	5807866	5210979	5066867	25.9

2.3　全国民用航空产品转包生产情况（见表 2–3）

表 2–3　全国民用航空产品转包生产情况

万美元

	2018 年	2017 年	2016 年	2015 年	2014 年	2018 年比 2017 年同期增长 /%
交付金额	**182308**	**196751**	**178969**	**156149**	**169776**	**–7.3**
民用飞机零部件	105797	125897	121403	98824	104045	–16.0
民用发动机零部件	68415	65347	52902	52192	50567	4.7
民用飞机机载系统和设备零部件	845	495	0			71
其他民用航空产品及零部件	7251	5011	4664	5133	15164	44.7
新增订单金额	**220909**	**279960**	**218609**	**104700**	**103541**	**–21.1**
民用飞机零部件	137072	216903	170744	44236	50912	–36.8
民用发动机零部件	77770	59301	45338	57115	47192	31.1
民用飞机机载系统和设备零部件	736	548	0			34
其他民用航空产品及零部件	5332	3207	2527	3349	5437	66.2
储备订单金额	**541617**	**464342**	**414961**	**350679**	**278188**	**16.6**
民用飞机零部件	477878	405932	387746	309820	245066	17.7
民用发动机零部件	60723	55839	26225	37682	30461	8.7
民用飞机机载系统和设备零部件	425	210	0			102.4
其他民用航空产品及零部件	2591	2361	991	3177	2661	9.8

2.4 各地区民用航空产品转包生产交付情况（见表 2–4）

表 2–4 各地区民用航空产品转包生产交付情况

万美元

	2018 年	2017 年	2016 年	2015 年	2014 年	2018 年比 2017 年同期增长 /%
全国总计	**182308**	**196751**	**178966**	**156149**	**169776**	**–7.3**
北 京	4840	12007	1940	608	653	–59.7
天 津	109	102	34	15	7682	6.9
辽 宁	42292	51474	44742	38445	33791	–17.8
黑龙江	10476	9316	5304	3827	2842	12.5
上 海	9970	8458	7779	8416	8296	17.9
江 苏	2253	748	1449	1075	1342	201.2
浙 江	4771	3492	9936	1258	1461	36.6
安 徽	48	109	37	42	36	–55.7
江 西	2958	877	8307	1000	1608	237.3
山 东	122	7439	5594	4395		–98.4
河 南	304					
湖 北	0	9	20	278	6859	–100.0
湖 南	8792	7379	5556	5336	4665	19.1
广 东	1652	3	6	742		54960.3
四 川	32289	25427	23956	25255	28399	27.0
贵 州	12383	15009	8680	8883	9451	–17.5
陕 西	48616	54373	55626	56495	58947	–10.6
甘 肃	433	529				–18.1
其他省份	0	0	0	79		
总计中						
中国航空工业集团有限公司	90561	104387	91996	140232	140356	–13.2
中国商用飞机有限责任公司	9679	8206	7592	8415	8296	18.0
中国航天科工集团有限公司	109	102	34	15	10	6.9
中国航空发动机集团有限公司	63551	62512	53089			1.7
地方民用航空工业企业	18409	21544	26255	99559	21114	–14.6

2.5　各地区民用航空产品转包生产新增情况（见表 2–5）

表 2–5　各地区民用航空产品转包生产新增情况　　万美元

	2018 年	2017 年	2016 年	2015 年	2014 年	2018 年比 2017 年同期增长 /%
全国总计	**220909**	**279960**	**218609**	**104700**	**103541**	**–21.1**
北　京	3612	9772	2384	612	658	–63.0
天　津	120	98	56	17	137	22.4
辽　宁	47217	38008	54658	30805	27314	24.2
黑龙江	1709	10421	10411	7104	5524	–83.6
上　海	46664	252	2411	0	4	18417.4
江　苏	1830	448	2761	1431	677	308.5
浙　江	4771	1692	10345	1055	1649	182.0
安　徽	0	80				–100.0
江　西	2287	748	2268	1116	1571	205.8
山　东	436	10149	7451	6144		–95.7
河　南	304					
湖　北	0	9	20	20	117	–100.0
湖　南	8034	7004	5664	4427	1587	14.7
广　东	0	0	42	1004		
四　川	23649	38237	70059	20731	30657	–38.1
贵　州	12482	8554	8030	7273	7834	45.9
陕　西	67286	153818	42050	22886	23419	–56.3
甘　肃	508	669				–24.1
其他省份	0	0	0	75		
总计中						
中国航空工业集团有限公司	85836	204488	150562	95293	98951	–58.0
中国商用飞机有限责任公司	46497	0	2204	0		
中国航天科工集团有限公司	120	98	56	17	12	22.4
中国航空发动机集团有限公司	73852	59000	41371			25.2
地方民用航空工业企业	14604	16373	24416	101578	4578	–10.8

2.6 各地区民用航空产品转包生产储备情况（见表 2–6）

表 2–6 各地区民用航空产品转包生产储备情况

万美元

	2018 年	2017 年	2016 年	2015 年	2014 年	2018 年比 2017 年同期增长 /%
全国总计	**541617**	**464342**	**414961**	**350679.28**	**278187**	**16.6**
北 京	2691	14379	444	4	4	–81.3
天 津	0	0	0	20	49	
辽 宁	42276	37582	44341	23565	13000	12.5
黑龙江	13421	22188	21083	15976	8682	–39.5
上 海	70822	34004	42210	47639	56018	108.3
江 苏	3013	259	180	303	999	1063.3
浙 江	0	500	7890	762	150	–100.0
安 徽	0	50				–100.0
江 西	782	253	6176	110		209.2
山 东	320	4093	3100	2787		–92.2
河 南	282					
湖 北	0	0	0	259	233	
湖 南	4877	5284	205	141	104	–7.7
广 东	0	0	36	1000		
四 川	153205	115409	172366	127194	32364	32.7
贵 州	387	979	219	0	35	–60.5
陕 西	248898	228449	116711	130868	165325	9
甘 肃	643	913				–30
其他省份	0	0	0	52		
总计中						
中国航空工业集团有限公司	407702	365398	329314	297451	219576	11.6
中国商用飞机有限责任公司	70822	34004	42210	47598	56013	108.3
中国航天科工集团有限公司	0	0	0	20	49	
中国航空发动机集团有限公司	55803	55964	25965			–0.3
地方民用航空工业企业	7290	8976	17472	4679	2549	–18.8

3　生产销售总值

3.1　全国民用航空工业企业生产销售总值（见表 3–1）

表 3–1　全国民用航空工业企业生产销售总值

指标名称	计量单位	2018 年	2017 年	2016 年	2015 年	2014 年	2018 年比 2017 年同期增长 /%
工业总产值（当年价格）	万元	30151126	27440342	24783015	23566703	23453204	9.9
其中：新产品产值	万元	11245599	9133810	8711177	10038016	7172462	23.1
民用航空产品产值	万元	7771108	6512511	8029467	7405784	6013803	19.3
其中：民用飞机（不含无人机）产品产值	万元	646207	515615	3809266	3720078	2788283	25.3
民用飞机零部件产品产值	万元	1399495	1430625	1262215	1127226	1088758	–2.2
民用航空发动机产品产值	万元	1045	1084	2338	18379	1511	–3.6
民用航空发动机零部件产品产值	万元	610114	408005	314832	342391	317328	49.5
民用飞机机载系统和设备产值	万元	7733	40327	1230	1609		–80.8
民用飞机机载系统和设备零部件产值	万元	16420	7742	2916			112.1
其他民用航空产品及零部件产值	万元	302279	287359	302747	271578	245530	5.2
民用飞机修理产值	万元	1583810	1386091	768201	884006	872080	14.3
民用航空发动机修理产值	万元	1159542	674070	503746	445249	390726	72.0
其他民用航空产品及零部件修理产值	万元	355312	45961	36345	93018	91250	673.1
民用飞机机载系统和设备修理产值	万元	28904	41472	14875		10812	–30.3
无人机产品产值	万元	1660248	1674160	1010755	502250	207526	–0.8
工业销售产值（当年价格）	万元	29051208	26486309	24490365	22921001	22343528	9.7
其中：出口交货值	万元	4690301	4335307	3026852	5754874	4796408	8.2
全部从业人员年平均人数	人	353254	341771	319321	401904	338251	3.4

3.2　2018 年各地区民用航空产品产值（见表 3–2）

表 3–2　2018 年各地区民用航空产品产值

地区	单位数 / 个	民用航空产品产值 / 万元	各地占总计 / %	民用航空产品产值比 2017 年增长 /%	民用飞机产品产值（不含无人机）/ 万元	民用飞机零部件产品产值 / 万元	民用航空发动机产品产值 / 万元
全国总计	**159**	**7771108**	**100.0**	**19.3**	**646207**	**1399495**	**1045**
北　京	14	849268	10.9	1378.1	0	2561	0
天　津	8	103128	1.3	49.5	74605	15737	0
河　北	2	10094	0.1	–66.5	5530	981	
辽　宁	5	260997	3.4	1.7	282	213655	0
吉　林	2	1050	0.0	–12.7			
黑龙江	2	80767	1.0	14.8	3180	77587	
上　海	8	554898	7.1	24.3	483969	63739	0
江　苏	6	168130	2.2	18.5		8203	
浙　江	14	68373	0.9	29.6	0	53822	418
安　徽	2	3495	0.0	–28.7		495	0
江　西	5	71701	0.9	73.3	27096	44605	0
山　东	5	167791	2.2	5.3		436	
河　南	4	11192	0.1	–5.0			
湖　北	6	139866	1.8	5.4		1816	
湖　南	21	85520	1.1	28.6	0	15873	0
广　东	9	2895118	37.3	6.6	28839	37	0
四　川	14	577534	7.4	–0.3	0	174952	39
贵　州	12	83717	1.1	–16.3		1271	
陕　西	16	897100	11.5	0.7	22706	722484	0
甘　肃	2	6630	0.1	–25.7		819	588
其他省份	2	734739	9.5		0	422	0
总计中							
中国航空工业集团有限公司	49	1407767	18.1	7.9	87351	1223421	0
中国商用飞机有限责任公司	6	549114	7.1	24.2	483969	63739	
中国航天科工集团有限公司	3	14621	0.2	–13.9		8655	0
中国航空发动机集团有限公司	13	425173	5.5	13.3	0	20199	0
地方民用航空工业企业	88	5374434	69.2	23.4	74887	83481	1045

表 3–2（续）

地区	民用航空发动机零部件产品产值 / 万元	民用飞机机载系统和设备产值 / 万元	民用飞机机载系统和设备零部件产值 / 万元	其他民用航空产品及零部件产值 / 万元	民用飞机修理产值（不含发动机）/ 万元	民用航空发动机修理产值 / 万元	其他民用航空产品及零部件修理产值 / 万元	民用飞机机载系统和设备修理产值 / 万元	无人机产品产值 / 万元
全国总计	**610114**	**7733**	**16420**	**302279**	**1583810**	**1159542**	**355312**	**28904**	**1660248**
北　京	32949	0	920	28655	464610	101202	205778	8014	4578
天　津	630	0	0	0	7856	0	0	0	4300
河　北				2918	650		15		
辽　宁	47060	0	0	0	0	0	0	0	
吉　林				384	343		36		287
黑龙江									
上　海	0	5784	0	1406	0	0	0	0	
江　苏	155969						3958		
浙　江	1626	0	0	4236	700	130	2808	0	4633
安　徽	0	0	0	0	0	0	0	0	3000
江　西	0	0	0	0	0	0	0	0	
山　东			352	102469	52842		404	11287	
河　南		1	7301						3890
湖　北			100	120	1993		126964	8874	
湖　南	55107	434	243	8631	0	0	1087	227	3918
广　东	0	0	4315	103430	320476	806214	0	0	1631807
四　川	116704	48	1705	18071	0	251848	14167	0	
贵　州	67362	170	55	14859					
陕　西	132208	1044	1277	16984	0	0	0	397	
甘　肃	499	252	151	116	23	148	95	105	3834
其他省份	0	0	0	0	734317	0	0	0	0
总计中									
中国航空工业集团有限公司	9991	6999	10438	56946	993	0	2357	9271	
中国商用飞机有限责任公司				1406					
中国航天科工集团有限公司	630	0	758	0	0	0	0	0	4578
中国航空发动机集团有限公司	386859	0	0	18115	0	0	0	0	
地方民用航空工业企业	212634	734	5223	225813	1582817	1159542	352955	19633	1655670

3.3 2018 年各地区民用航空工业企业销售情况（见表 3–3）

表 3–3 2018 年各地区民用航空工业企业销售情况

地区	工业总产值 / 万元	工业销售产值 / 万元	比上年同期增长 /%	出口交货值 / 万元	比上年同期增长 /%	工业产品产销率 /%
全国总计	**30151126**	**29051208**	**9.7**	**4690301**	**8.2**	**96.4**
北 京	1479218	1473165	132.7	91106	992.7	99.6
天 津	284047	259286	–45.4	152437	176.7	91.3
山 西	68153	63714	6.5	421	–50.9	93.5
辽 宁	3521129	3434624	2.7	191206	–32.9	97.5
吉 林	50495	48116	–0.2			95.3
黑龙江	1326938	1321223	21.8	71237	1.8	99.6
上 海	561716	597515	40.9	64135	14.0	106.4
江 苏	500810	480345	–13.3	179674	95.7	95.9
浙 江	118804	119959	44.7	53775	18.8	101.0
安 徽	100226	96672	17.2	514	–95.4	96.5
江 西	2414153	2235170	6.6	24025	23.0	92.6
山 东	185936	176451	–16.6	33510	7.0	94.9
河 南	1874340	1825878	89.3	104650	194.7	97.4
湖 北	396430	383085	–5.4	32248	–19.3	96.6
湖 南	983165	912593	7.9	50406	5.6	92.8
广 东	2932527	2716172	–0.8	1649319	0.0	92.6
四 川	5830678	5713997	11.2	787211	4.8	98.0
贵 州	1133766	934061	–20.0	109293	–17.3	82.4
陕 西	5521803	5397570	1.7	375290	9.0	97.8
甘 肃	65451	65943	16.1	211	–34.9	100.8
其他省市及地区	801343	795669	3.3	719631	9.0	99.3
总计中						
中国航空工业集团有限公司	16546118	15961268	11.9	894132	12.0	96.5
中国商用飞机有限责任公司	550993	592319	41.7	64135	14.0	107.5
中国航天科工集团有限公司	112135	83934	–74.5	684	4.6	74.9
中国航空发动机集团有限公司	4343933	4161865	–2.2	398873	–9.8	95.8
地方民用航空工业企业	8597948	8251821	14.8	3332476	9.8	96.0

4　主要经济指标

4.1 全国民用航空工业企业主要经济指标（见表 4–1）

表 4–1 全国民用航空工业企业主要经济指标

指标名称	计量单位	2018 年	2017 年	2016 年	2015 年	2014 年	2018 年比 2017 年同期增长 /%
一、年末资产负债							
流动资产合计	万元	36825006	32979137	31206034	26971311	27210951	11.7
流动资产年平均余额	万元	33784327	31222038	28364747	23593117	25201795	8.2
固定资产合计	万元	11716729	12727767	17675500	9632114	10642350	–7.9
固定资产原价	万元	18359330	16801270	17712260	13292373	14734754	9.3
其中：生产经营用	万元	15770143	14350782	11316371	10651571	9497774	9.9
固定资产净值年平均余额	万元	9779222	9601070	8186263	7028146	6445392	1.9
资产总计	万元	59109375	54405581	57394171	43652981	44484908	8.6
负债合计	万元	35213888	31065141	38131236	27282056	25869375	13.4
所有权益合计	万元	23841404	23340438	19262936	16360662	18780128	2.1
其中：实收资本	万元	11960390	11238606	10841533	8406729	8026330	6.4
二、损益及分配							
营业收入	万元	31139390	27938454	25469049	22857720	25734992	11.5
其中：民用航空产品收入	万元	7595315	5854359	6869652	6133831	5937269	29.7
营业成本	万元	26244842	22748984	20803433	18375798	21587676	15.4
主营业务税金及附加	万元	129040	283309	166010	65954	71175	–54.5
其他业务利润	万元	116041	227079	161691	85290	104269	–48.9
营业费用	万元	550548	408985	273200	251020	315191	34.6
管理费用	万元	2678249	2511116	1934556	2670937	2156865	6.7
财务费用	万元	271474	503357	333200	310199	328403	–46.1
其中：利息支出	万元	334469	398915	362401	341923	336840	–16.2
营业利润	万元	1401613	1310784	990961	1062676	1094327	6.9
补贴收入	万元	115951	115046	184794	177363	193032	0.8
利润总额	万元	1464959	1395908	1202813	1304740	1287870	4.9
应交所得税	万元	226234	220867	144085	136939	142239	2.4
三、其他							
本年应交增值税	万元	268704	306112	242260.14	376434	430068	–12.2
本年固定资产投资额	万元	1767164	2120713	1771298	1784715	2039004	–16.7
其中：民用航空产品	万元	439980	411469	521264	462201	615216	6.9
全部从业人员人数	人	355381	347871	326770	328370	357402	2.2
其中：工程技术人员	人	86115	89078	79033	77824	86293	–3.3
其中：研究与实验发展人员	人	65070	65291	52799	50017	59180	–0.3
研究与实验发展经费支出	万元	2925351	2570046	2184684.58	2277623	2046562	13.8
其中：民用航空产品	万元	1456894	1245271	857304.97	928548	672174	17.0

4.2 2018 年各地区民用航空产品收入（见表 4–2）

表 4–2 全国民用航空工业企业主要经济指标

地区	民用航空产品收入 / 万元	各地占总计 /%	营业收入 / 万元	比 2017 年同期增长 /%	民用航空产品销售收入占营业收入比重 /%
全国总计	**7595315**	**100**	**31139390**	**11.5**	**24.4**
北 京	902860	11.9	1585837	90.9	56.9
天 津	181444	2.4	261015	–47.6	69.5
河 北	19096	0.3	73909	–26.1	25.8
辽 宁	219359	2.9	3335185	–3.5	6.6
吉 林	1250	0.0	49172	1.1	2.5
黑龙江	135564	1.8	1239744	9.2	10.9
上 海	518253	6.8	1118324	0.2	46.3
江 苏	169295	2.2	540745	–14.2	31.3
浙 江	66921	0.9	149433	53.2	44.8
安 徽	5726	0.1	97801	–0.7	5.9
江 西	58154	0.8	2556601	8.0	2.3
山 东	169375	2.2	184799	–16.4	91.7
河 南	9371	0.1	2256397	128.9	0.4
湖 北	121688	1.6	433608	–0.1	28.1
湖 南	64806	0.9	980740	15.8	6.6
广 东	2729684	35.9	2788017	1.2	97.9
四 川	569834	7.5	6104537	16.5	9.3
贵 州	78755	1.0	969028	–10.6	8.1
陕 西	831996	11.0	5545728	–2.6	15.0
甘 肃	6522	0.1	69944	16.1	9.3
其他省份	1174080	15	7469196		15.7
总计中					
中国航空工业集团有限公司	1341200	17.7	17114205	13.3	7.8
中国商用飞机有限责任公司	539631	7.1	551337	–2.8	97.9
中国航天科工集团有限公司	21782	0.3	114695	–67.2	19.0
中国航空发动机集团有限公司	428151	5.6	4562681	–5.0	9.4
地方民用航空工业企业	5264551	69.3	8796473	24.1	59.8

4.3　全国民用航空工业企业经济效益综合指数（见表 4–3）

表 4–3　全国民用航空工业企业经济效益综合指数　　%

指标名称	2018 年	2017 年	2016 年	2015 年	2014 年	2018 年比 2017 年增减
总资产贡献率	3.9	4.3	3.9	3.7	4.4	–0.4
资本保值增值率	102.1	121.2	117.7	87.1	155.8	–19.0
资产负债率	59.6	57.1	66.4	50.4	62.5	2.5
流动资产周转率（次）	89.2	87.1	87.6	96.9	100.8	2.1
成本费用利用率	5.6	6.1	5.8	6.0	5.0	–0.6
产品销售率	96.4	96.5	98.8	97.3	95.5	–0.2

4.4 2018 年各地区民用航空工业企业收入成本及效益（见表 4–4）

表 4–4 2018 年各地区民用航空工业企业收入成本及效益

万元

地区	营业收入	比 2017 年同期增长 /%	营业成本	比 2017 年同期增长 /%	利润总额	比 2017 年同期增长 /%
全国总计	**31139390**	**11.5**	**26244842**	**15.4**	**1464959**	**4.9**
北 京	1585837	90.9	1243615	101.7	109059	51.3
天 津	261015	–47.6	198575	–44.9	–756	–101.1
河 北	73909	–26.1	53930	–26.4	–9970	–275.1
辽 宁	3335185	–3.5	3005106	–3.5	138025	28.3
吉 林	49172	1.1	38736	–6.7	2305	–10.2
黑龙江	1239744	9.2	1064237	10.2	53386	–31.3
上 海	1118324	0.2	970505	–1.3	–36480	–44.0
江 苏	540745	–14.2	463871	54.4	54924	–17.0
浙 江	149433	53.2	113055	52.7	14146	488.2
安 徽	97801	–0.7	72368	–4.7	8881	48.3
江 西	2556601	8.0	2398310	9.0	22740	–76.2
山 东	184799	–16.4	764553	371.8	22995	4.8
河 南	2256397	128.9	1685204	118.4	180606	339.7
湖 北	433608	–0.1	368022	16.5	40692	30.8
湖 南	980740	15.8	834216	22.0	66447	37.0
广 东	2788017	1.2	1220618	–6.8	361213	–27.0
四 川	6104537	16.5	5331582	14.5	154870	21.2
贵 州	969028	–10.6	739545	–10.7	28211	48.2
陕 西	5545728	–2.6	4920835	–2.0	189168	47.4
甘 肃	69944	16.1	49807	19.1	8972	7.2
其他省份	798825		708150		55524	
总计中			——		——	
中国航空工业集团有限公司	17114205	13.3	14975584	14.5	684577	23.6
中国商用飞机有限责任公司	551337	–2.8	515846	–2.6	–96636	
中国航天科工集团有限公司	114695	–67.2	55586	–78.2	6207	–84.7
中国航空发动机集团有限公司	4562681	–5.0	3691123	–8.0	227184	37.5
地方民用航空工业企业	8796473	24.1	7006704	44.5	643627	–13.4

4.5　2018 年各地区民用航空工业固定资产投资和研发投入（见表 4–5）

表 4–5　2018 年各地区民用航空工业固定资产投资和研发投入

地区	民用航空产品研究与试验发展经费支出 / 万元	比 2017 年同期增长 /%	民用航空产品固定资产投资 / 万元	比 2017 年同期增长 /%
全国总计	**1456894**	**17.0**	**439980**	**6.9**
北　京	49837	–19.1	4274	–80.9
天　津	1246	–76.6	4447	352.8
河　北	3662	–3.0	7303	7.6
辽　宁	5692	54.2	16199	43.2
吉　林	0		37	
黑龙江	34101	–5.3	2429	7.8
上　海	891389	17.6	233713	22.6
江　苏	4212	377.6	13828	98.2
浙　江	5671	49.9	3759	77.6
安　徽	580	15.9	0	
江　西	9004	29.5	3810	–45.2
山　东	10726	–2.3	3729	–25.2
河　南	3909	–28.8	1562	–22.3
湖　北	12412	–15.0	3284	197.5
湖　南	28238	127.5	11466	–26.7
广　东	266584	60.5	36526	–21.3
四　川	18254	–41.8	41779	39.3
贵　州	6880	–31.0	5454	–84.1
陕　西	104090	–7.5	46381	95.3
其他省份	113	–15.7	0	
甘　肃	295	–73.4		–100.0
总计中				
中国航空工业集团有限公司	190930	–10.3	92199	11.0
中国商用飞机有限责任公司	724328	19.0	183980	25.9
中国航天科工集团有限公司	7089	770.9	478	–77.6
中国航空发动机集团有限公司	247481	10.1	90742	11.4
地方民用航空工业企业	287065	63.0	72581	–10.0

5 附　　录

2018年中国民用航空企业上报情况说明

单位名称	所属集团	登记注册类型	控股情况	主要民用航空产品
总计数（159）				
北京（14）				
北京安达泰克科技有限公司		私营有限责任公司	私人控股	蜂窝芯；蜂窝汽封；蜂窝载体
北京安达维尔机械维修技术有限公司		其他有限责任公司	私人控股	机载机械部附件的维修
北京安达维尔科技股份有限公司		股份有限公司	私人控股	机载电子部附件的维修
北京北摩高科摩擦材料有限责任公司		股份有限公司	私人控股	波音737–700/800飞机粉末冶金刹车盘；飞机机轮组件；飞机刹车组件；飞机货仓底板；飞机碳刹车盘；飞机钢刹车盘
北京飞机维修工程有限公司		中外合资经营	国有控股	飞机维修
北京航空材料研究院	中国航空发动机集团有限公司	国有	国有控股	高温合金；橡胶制品；钛合金
北京航天和兴科技有限公司		私营有限责任公司	私人控股	
北京科荣达航空科技股份有限公司		股份有限公司	私人控股	
北京力威尔航空精密机械有限公司		其他有限责任公司	国有控股	钛合金航空摇臂组件
北京民用飞机技术研究中心	中国商用飞机有限责任公司	国有	国有控股	民用飞机关键技术预研；民用飞机基础技术研究相关技术服务
北京新雷能科技股份有限公司		股份有限公司	私人控股	机载电源
海鹰航空通用装备有限责任公司	中国航天科工集团有限公司	国有	国有控股	固定翼无人机；太阳能无人机；多旋翼无人机
北京航科发动机控制系统科技有限公司	中国航空发动机集团有限公司	其他有限责任公司	国有控股	航空摇臂系列
中航复合材料有限责任公司	中国航空工业集团有限公司	其他有限责任公司	国有控股	民用航空复合材料结构件用原材料
天津（8）				
PPG航空材料（天津）总装有限公司		港澳台商独资	港澳台商控股	航空涂料生产
古德里奇航空结构服务（中国）有限公司		外资企业	私人控股	进气道；风扇整流罩；尾喷组件；反推组件；折流门组件；平移罩组件

续表

单位名称	所属集团	登记注册类型	控股情况	主要民用航空产品
航天精工股份有限公司	中国航天科工集团有限公司	股份有限公司	国有控股	承力快卸锁；高锁螺栓；高锁螺母；六角头螺栓；沉头螺栓
空中客车（天津）总装有限公司		与港澳台商合资经营	港澳台商控股	A320、A330 飞机组装
天津波音复合材料有限责任公司		中外合资经营	外商控股	航空复合材料主次受力件；飞机内饰件；相关售后服务
天津航天中为数据系统科技有限公司		其他有限责任公司	国有控股	无人机应用系统集成
天津全华时代航天科技发展有限公司		其他有限责任公司	股份合作	无人飞行器
西飞国际航空制造（天津）有限公司		国有独资公司	国有控股	A320 机翼总装
河北（2）				
华北飞机工业有限公司	中国航空工业集团有限公司	其他有限责任公司	国有控股	运 5B 飞机；“小鹰”500 飞机；赛斯纳 208B 飞机；“国王”350 飞机
惠阳航空螺旋桨有限责任公司	中国航空工业集团有限公司	其他有限责任公司	国有控股	螺旋桨；直升机动部件
山西（1）				
太原航空仪表有限公司	中国航空工业集团有限公司	国有独资公司	国有控股	敏感元件；传感器；民用仪表
辽宁（5）				
辽宁通用航空研究院		事业单位	国有控股	锐翔（RX1E）双座电动飞机；电动无人机
沈飞民用飞机有限责任公司	中国航空工业集团有限公司	其他有限责任公司	国有控股	Q400 机身连接；波音 787 垂尾前缘；A320 机翼前缘；A220 机身段；ARJ21 大部件；C919 大部件
沈阳飞机工业（集团）有限公司	中国航空工业集团有限公司	其他有限责任公司	国有控股	波音 767 改装项目；A220 项目；Q400 项目
沈阳沈飞国际商用飞机有限公司	中国航空工业集团有限公司	其他有限责任公司	国有控股	A220 机身段
沈阳黎明航空发动机有限责任公司	中国航空发动机集团有限公司	其他有限责任公司	国有控股	航空零部件转包生产
吉林（2）				
吉林航空维修有限责任公司	中国航空工业集团有限公司	其他有限责任公司	国有控股	民用飞机修理；其他民用航空产品及零部件
吉林省国遥博诚科技股份有限公司		私营股份有限公司	私人控股	GYZB610；GY-C6；GY-C5；GY-1600；GY-4115

续表

单位名称	所属集团	登记注册类型	控股情况	主要民用航空产品
黑龙江（2）				
哈尔滨飞机工业集团有限责任公司	中国航空工业集团有限公司	其他有限责任公司	国有控股	直 9 民用直升机；运 12 飞机
哈尔滨东安发动机有限公司	中国航空发动机集团有限公司	其他有限责任公司	国有控股	直升机传动系统
上海（8）				
上海飞机客户服务有限公司	中国商用飞机有限责任公司	国有	国有控股	民用飞机客户服务相关业务
上海飞机制造有限公司	中国商用飞机有限责任公司	国有独资公司	国有控股	ARJ21-700 飞机；C919 飞机；航空零部件转包生产
上海航空测控技术研究所	中国航空工业集团有限公司	国有	国有控股	C919 飞机客舱管理接口子系统；C919 飞机客舱娱乐系统；C919 飞机信息系统；ARJ21 飞机驾驶舱门监视系统；MA700 飞机视频监视系统
上海航空工业（集团）有限公司	中国商用飞机有限责任公司	国有	国有控股	航空零配件、航空设备的销售；计算机软件；信息技术；技术服务；物业管理；信息系统集成服务
中航商用航空发动机有限责任公司	中国航空发动机集团有限公司	国有	国有控股	
中国航空无线电电子研究所	中国航空工业集团有限公司	国有	国有控股	综合显示系统；网络交换机；显示器与控制器
上海飞机设计研究所	中国商用飞机有限责任公司	国有	国有控股	民机飞机研制
中国商用飞机有限责任公司（本部）	中国商用飞机有限责任公司	其他有限责任公司	国有控股	ARJ21-700 新支线飞机；C919 大型客机；航空零部件转包生产
江苏（6）				
航天海鹰（镇江）特种材料有限公司	中国航天科工集团有限公司	其他有限责任公司	国有控股	C919 后机身后段；C919 后机身前段；C919 副翼；C919 垂尾壁板
江苏航申航空科技有限公司		股份有限公司	私人控股	航空零部件
金城南京机电液压工程研究中心	中国航空工业集团有限公司	国有	国有控股	液压系统、设备及零部件；环控系统、设备及零部件；燃油系统、设备及零部件；电源系统、设备及零部件；空气管理系统、设备及零部件；RAT

续表

单位名称	所属集团	登记注册类型	控股情况	主要民用航空产品
通用电气航空系统（苏州）有限公司		外资企业	外商控股	飞机发动机用叶盘以及前段保持架；飞机发动机燃烧室机匣；飞机发动机环形圈；飞机机翼机构板；飞机整流罩及组件
无锡透平叶片有限公司		其他有限责任公司	国有控股	铝合金叶片；发动机盘件
新宇航空制造（苏州）有限公司		外资企业	外商控股	飞机发动机叶片及叶片隔框；飞机发动机吊架类机械产品
浙江（14）				
海宁红狮宝盛科技有限公司		其他有限责任公司	私人控股	航空设备配件
杭州天扬机械有限公司		其他有限责任公司	私人控股	发动机环形件
宁波缔一宝盛航空机械有限公司		其他	私人控股	航空机械配件
宁波捷德航空技术有限公司		私营独资	私人控股	民用直升机销售 / 维修；零部件
宁波沥高复合材料有限公司		其他有限责任公司	私人控股	ARJ 零部件生产；C919 型板复合材料模具生产
宁波星箭航天机械厂		私营有限责任公司	私人控股	民用航空发动机零部件；金属和非金属软管
宁波永灵航空科技有限公司		私营有限责任公司	私人控股	航空软管金属连接件；飞机发动机零件；机箱壳体
七丰精工科技股份有限公司		私营股份有限公司	私人控股	航标螺钉、螺母
玉环天润航空机械制造有限公司		私营有限责任公司	私人控股	驾驶（滑动）舱门锁闭机构；动力舱整流罩锁闭机构等；折叠接头等；周期变距杆手柄等；牵引杆、液压千斤顶等；机身布罩、旋翼布罩等
浙江金马逊机械有限公司		私营有限责任公司	私人控股	数控弯管机；管端缩口机；重型弯管机；生产线
浙江科比特科技有限公司		私营独资	私人控股	多旋翼无人机
浙江日发航空数字装备有限责任公司		私营有限责任公司	私人控股	复合材料加工中心；飞机数字装配生产线
浙江圣翔机械有限公司		其他有限责任公司	私人控股	直升机停机坪
浙江西子航空工业有限公司		私营有限责任公司	私人控股	A320 起落架舱；C 系列起落架舱；单通道梁间肋；C 系列逃生门；腹鳍；CRJ 服务门
安徽（2）				
合肥赛为智能有限公司		其他有限责任公司	集体控股	“赛鹰”SY8KT 西留多旋翼无人机；“赛鹰”SY450H 大载荷无人直升机；“赛鹰”SY141HR 植保无人机；“赛鹰”SY261H 无人直升机；“赛鹰”SY121H 无人直升机；RE35H 直升机版转子发动机

续表

单位名称	所属集团	登记注册类型	控股情况	主要民用航空产品
合肥江航飞机装备有限公司	中国航空工业集团有限公司	其他有限责任公司	国有控股	波纹管；飞机副油箱；航空仪表
福建（1）				
厦门太古飞机工程有限公司		与港澳台商合资经营	港澳台商控股	
江西（5）				
昌河飞机工业（集团）有限责任公司	中国航空工业集团有限公司	国有独资公司	国有控股	AC313；AC311；AC311A；S92 尾斜梁、备件
江西昌河航空工业有限公司	中国航空工业集团有限公司	其他有限责任公司	国有控股	AC313；AC311；AC311A；波音配套
江西昌兴航空装备股份有限公司		股份有限公司	私人控股	大型工装；复合材料模具及零部件；军民品零部件
江西洪都航空工业（集团）有限责任公司	中国航空工业集团有限公司	国有独资公司	国有控股	C919；波音 747
江西洪都商用飞机股份有限公司	中国航空工业集团有限公司	股份有限公司	国有控股	C919 大部件装配；国际转包
山东（5）				
东方蓝天钛金科技有限公司		国有	国有控股	钛合金抗剪型平头高锁螺栓；钛合金抗拉型 100°沉头高锁螺栓；金属支架；100°沉头偏心十字槽抗剪型螺栓；短螺纹紧公差 100°沉头十字槽螺栓；长螺纹紧公差六角头螺栓
山东艾诺仪器有限公司		私营有限责任公司	私人控股	飞机地面静变电源；航空地面电源
山东太古飞机工程有限公司		与港澳台商合资经营	国有控股	
山东翔宇航空技术服务有限责任公司		其他有限责任公司	国有控股	航空器部附件修理
威海广泰空港设备股份有限公司		股份有限公司	私人控股	平台车；牵引车；电源车；加油车
河南（4）				
安阳全丰航空植保科技股份有限公司		股份有限公司	私人控股	智能悬浮植保机
洛阳电光设备研究所	中国航空工业集团有限公司	国有	国有控股	平视显示系统；增强视景系统
新乡航空工业（集团）有限公司	中国航空工业集团有限公司	国有独资公司	国有控股	过滤器；控制阀；散热器；液压组件；气液分离器；泵

续表

单位名称	所属集团	登记注册类型	控股情况	主要民用航空产品
中航光电科技股份有限公司	中国航空工业集团有限公司	股份有限公司	国有控股	C919、ARJ-21、AG600 机载产品
湖北（6）				
航宇救生装备有限公司	中国航空工业集团有限公司	国有独资公司	国有控股	民用航空座椅；民用航空内饰及生活设备
湖北超卓航空技术有限公司		私营股份有限公司	私人控股	航空部附件（不含发动机）的维修
凌云科技集团有限责任公司		国有	国有控股	民用飞机修理；其他民用航空产品及零部件修理
武汉航达航空科技发展有限公司		其他有限责任公司	私人控股	航空液压附件；航空气动附件；航空机电附件；机场加油设备；飞机起落架维修
武汉航空仪表有限责任公司	中国航空工业集团有限公司	国有独资公司	国有控股	压力表；防冰除冰系统
中国特种飞行器研究所	中国航空工业集团有限公司	国有	国有控股	SZ300 载人观光系留气球；TF200 空中单车
湖南（21）				
长沙艾森设备维护技术有限公司		私营有限责任公司	私人控股	飞机清洗剂
长沙航空职业技术学院		国有	国有控股	
长沙市天映机械制造有限公司		私营有限责任公司	私人控股	250 气泡；飞机起落架零部件；超低温试验型架
长沙鑫航机轮刹车有限公司		国有独资公司	国有控股	某型无人机前机轮；某型无人机主机轮
国信军创（岳阳）六九零六科技有限公司		其他有限责任公司	私人控股	北斗终端抗干扰系列产品；北斗定位导航终端
湖南兵器东升机械制造有限公司		其他有限责任公司	国有控股	3WX8-10B；3WX6-10D；3WXD-10E
湖南顶立科技有限公司		私营有限责任公司	私人控股	金属基 3D 打印粉体材料；碳基、陶瓷基复合材料；真空冶金热工装备；真空热处理装备
湖南航天环宇通信科技股份有限公司		股份有限公司	私人控股	航空复合材料零部件；航空工艺装备
湖南航天捷诚电子装备有限责任公司		其他有限责任公司	国有控股	机载头盔、平显数字像源；机载头盔、平显图形图像驱动模块；机载液晶显示器；机载油量显示组件
湖南华望科技股份有限公司		股份有限公司	私人控股	无伞投缓冲包装材料及技术研究

续表

单位名称	所属集团	登记注册类型	控股情况	主要民用航空产品
湖南南方通用航空发动机有限公司		其他有限责任公司	国有控股	民用航空发动机转包
湖南山河科技股份有限公司		股份有限公司	私人控股	轻型飞机；多旋翼无人机；固定翼无人机；无人直升机
湖南省博云新材料股份有限公司		股份有限公司	国有控股	刹车盘组件
湖南湘源金穗智能装备有限公司		私营有限责任公司	私人控股	植保无人机
湖南新韶光电器有限公司		私营有限责任公司	私人控股	航空动力滑油加热器
湖南兆恒材料科技有限公司		集体联营	集体控股	PMI 泡沫
湖南中航精工有限公司		私营有限责任公司	私人控股	京东货用无人机起落架；38 所民用无人机起落架
长江动力有限公司	中国航空发动机集团有限公司	国有	国有控股	飞机起落架刹车系统零件；航空发动机零部件
南方工业有限公司	中国航空发动机集团有限公司	国有独资公司	国有控股	航空零部件转包生产；民用航空发动机
中传机械有限公司	中国航空发动机集团有限公司	国有独资公司	国有控股	H175 尾传动系统；KC9 中尾减速器
中航飞机起落架有限责任公司	中国航空工业集团有限公司	其他有限责任公司	国有控股	防扭臂
广东（9）				
广州飞机维修工程有限公司		与港澳台商合资经营	股份合作	飞机维修
广州航新航空科技股份有限公司		股份有限公司	私人控股	机载设备研制；测试设备研制；飞机维修；航材贸易
深圳市大疆创新科技有限公司		港澳台商独资	港澳台商控股	Phantom；Mavic；Spark；Inspire；MG 系列；经纬 Matrice
深圳市多尼卡电子技术有限公司		私营有限责任公司	私人控股	快速获取驾驶舱语音记录仪；机载无线局域网系统；机载音频播放器；机载视频播放器；机载驾驶舱视频监控
深圳一电航空技术有限公司		私营有限责任公司	私人控股	多旋翼无人机
深圳中集天达空港设备有限公司		外商投资股份有限公司	外商控股	登机桥；平台车；摆渡车
中航通飞华南飞机工业有限公司	中国航空工业集团有限公司	其他有限责任公司	国有控股	AG600 大型灭火 / 水上救援水陆两栖飞机；AG300 单发轻型涡桨公务机；SR20；SR22
中航通飞研究院有限公司	中国航空工业集团有限公司	国有	国有控股	

续表

单位名称	所属集团	登记注册类型	控股情况	主要民用航空产品
珠海保税区摩天宇航空发动机维修有限公司		中外合资经营	国有控股	V2500 发动机及附件的维修；CFM56-3 发动机及附件维修；CFM56-5 发动机及附件维修；CFM56-7 发动机及附件维修
四川（14）				
成都飞机工业（集团）有限责任公司	中国航空工业集团有限公司	国有独资公司	国有控股	转包项目；C919 机头；ARJ 机头
成都富凯飞机工程服务有限公司		中外合资经营	国有控股	EFB 支架；客舱隔帘支架；PC POWER；飞机客舱标牌
成都国营锦江机器厂		国有	国有控股	发动机
成都凯天电子股份有限公司	中国航空工业集团有限公司	股份有限公司	国有控股	大气数据计算机；航空电子产品；传感器
成都新洲航空设备有限责任公司		其他有限责任公司	私人控股	
四川长虹电源有限责任公司		其他有限责任公司	国有控股	
四川泛华航空仪表电器有限公司	中国航空工业集团有限公司	其他有限责任公司	国有控股	油耗量测控系统；发动机点火系统；通信引线
四川国际航空发动机维修有限公司		中外合资经营	国有控股	航空航天器修理
四川航泰航空装备有限公司		其他有限责任公司	国有控股	运 12 起落架；LE500 起落架；LE700 起落架；QLJ 起落架；“小鹰”5 项成件
四川九洲电器集团有限责任公司		国有独资公司	国有控股	ADS-B 地面站；S 模式应答机
四川凌峰航空液压机械有限公司	中国航空工业集团有限公司	其他有限责任公司	国有控股	起落架；阻尼器；液压锁；作动筒；蓄压器
宜宾三江机械有限责任公司	中国航空工业集团有限公司	国有	国有控股	压力加油接嘴
中国第二重型机械集团（德阳）万航模锻厂（四川）		其他有限责任公司	国有控股	C919、CJ、9X9 零部件
成都发动机有限公司	中国航空发动机集团有限公司	其他有限责任公司	国有控股	航空发动机零部件
贵州（12）				
贵阳白云中航紧固件有限公司		私营有限责任公司	私人控股	紧固件；标准件
贵阳航空电机有限公司	中国航空工业集团有限公司	国有	国有控股	二次电源；环控设备

续表

单位名称	所属集团	登记注册类型	控股情况	主要民用航空产品
贵州安大航空锻造有限责任公司	中国航空工业集团有限公司	其他有限责任公司	国有控股	锻件
贵州大东风机械股份有限公司		股份有限公司	私人控股	发动机叶片
贵州航宇科技发展股份有限公司		股份有限公司	私人控股	高温合金锻件；钛合金锻件；铝合金锻件；不锈钢锻件
贵州永红航空机械有限责任公司	中国航空工业集团有限公司	其他有限责任公司	国有控股	散热器；滑油箱
贵州云马飞机制造厂	中国航空工业集团有限公司	国有	国有控股	波音 737 垂尾接头、肋零件数控加工；波音 737 平尾肋零件数控加工
赛峰飞机发动机（贵阳）有限公司		中外合资经营	外商控股	飞机发动机导向叶片；飞机发动机涡轮叶片；飞机发动机密封叶片
贵州红林航空动力控制科技有限公司	中国航空发动机集团有限公司	国有独资公司	国有控股	民用航空转包
贵州黎阳航空动力有限公司	中国航空发动机集团有限公司	其他有限责任公司	国有控股	民用航空发动机零部件
中国航空工业标准件制造有限责任公司	中国航空工业集团有限公司	国有独资公司	国有控股	民用航空发动机零部件
中航力源液压股份有限公司	中国航空工业集团有限公司	股份有限公司	国有控股	转包零部件
陕西（16）				
宝鸡市航宇光电显示技术开发有限责任公司		私营有限责任公司	私人控股	导光板；机载娱乐系统；乘务员观察系统；机舱监视系统
庆安集团有限公司	中国航空工业集团有限公司	其他有限责任公司	国有控股	航空转包生产
陕西宝成航空仪表有限责任公司	中国航空工业集团有限公司	其他有限责任公司	国有控股	民用飞机零部件
陕西长岭电子科技有限责任公司		其他有限责任公司	国有控股	142# 高度表；5# 雷达；147# 雷达
陕西东方航空仪表有限责任公司	中国航空工业集团有限公司	国有独资公司	国有控股	航空仪表
陕西飞机工业（集团）有限公司	中国航空工业集团有限公司	其他有限责任公司	国有控股	运 8 出口机；运 8 邮政机

续表

单位名称	所属集团	登记注册类型	控股情况	主要民用航空产品
陕西烽火宏声科技有限责任公司		其他有限责任公司	国有控股	航空耳机 / 话筒组件
陕西航空电气有限责任公司	中国航空工业集团有限公司	国有	国有控股	转包零部件产品的生产；民航修理
陕西宏远航空锻造有限责任公司	中国航空工业集团有限公司	其他有限责任公司	国有控股	航空锻铸件
陕西华燕航空仪表有限公司	中国航空工业集团有限公司	其他有限责任公司	国有控股	组合导航系统速率陀螺组件
陕西千山航空电子有限责任公司	中国航空工业集团有限公司	国有独资公司	国有控股	无线快取记录器；安装架
西安飞机工业（集团）有限责任公司	中国航空工业集团有限公司	其他有限责任公司	国有控股	“新舟”系列飞机；航空零部件转包产品
西安航空动力控制科技有限公司	中国航空发动机集团有限公司	其他有限责任公司	国有控股	轴套类产品；传动组件类产品；阀门组件类产品；复杂壳体产品；异型件
西安航空制动科技有限公司	中国航空工业集团有限公司	其他有限责任公司	国有控股	“新舟”60 飞机机轮及刹车附件；波音 737、A320 碳刹车盘
西安航空发动机有限公司	中国航空发动机集团有限公司	其他有限责任公司	国有控股	航空发动机零部件
西安飞行自动控制研究所	中国航空工业集团有限公司	国有	国有控股	无人机飞控系统
甘肃（2）				
兰州万里航空机电有限责任公司	中国航空工业集团有限公司	国有独资公司	国有控股	电动机构；着陆灯；防撞灯；四位置开关
甘肃神龙航空科技有限公司		私营有限责任公司	私人控股	工程应用型无人机；轻型通用飞机；旋翼机